세계는 지금 명상중

펴낸 날   초판 1쇄 2014년 9월 29일

지은이   서무태
펴낸이   이희경
펴낸곳   묵띠

출판등록 2014년 9월 26일 제2014-000264호

주 소   서울특별시 강남구 봉은사로105길 54 (삼성동)
전 화   02)3448-9904
팩 스   02)3448-9903
이메일   ritamville@naver.com

잡념에서 명상으로
세계는 지금 명상 중

공명 서무태 지음

묵 띠

시작하며

몸이 아프거나 마음이 불행하다고 느끼는 헛헛함과 따분한 일상은 관념적으로 알았던 나를 본질적으로 발견하기 위한 영혼의 메시지입니다. 우리는 물질적으로 부족해도 물질적으로 풍요로워도 해결할 수 없는 스트레스와 채워지지 않는 삶의 공허함을 해결하기 위한 방편을 찾고 있습니다. 외부로부터 구하지 않아도 이미 충만하고 풍요로운 것이 명상입니다.

근래 조사에 따르면 미국의 명상인구는 5명 중 1명으로 전체의 20%에 근접하였으며, 이는 대한민국의 인구보다도 더 많은 이가 명상을 하고 있다는 뜻입니다. 유럽에는 명상 빌리지가 만들어지고, 인도에서는 셀 수도 없는 인구가 명상을 하고 있습니다. 이미 국내에서도 5백 만 명이 넘어섰습니다. 이제 명상은 미국과 유럽의 유명인사와 CEO들에게 건강한 기업 이미지와 의식적인 성숙의 상징이 되었습니다. 명상의 효능을 알고 할리우드 배우들이 앞다투어 하고 있는 이유도 이와 다르지 않을 것입니다.

미국의 경우 물질적으로는 풍요로워졌지만 정신적으로는 공허해지고, 마약과 총기 사고가 끊임없이 일어나고 있습니다. 그렇다 보니 정신적인 가치에 대한 중요성을 찾게 되고, 명상을 체험하게 된 기업의 회장들이 스스로 좋아진 체험을 직원들과 나누고 있습니다.
애플, 구글, 야후, 나이키등 대기업에서는 사내에 명상을 할 수 있는 센터가 운영되고 있으며, 직원들이 명상을 하도록 독려 하고 있습니다. 명상을 통해 직원들 스트레스 수치가 낮아지고, 밝고 건강해지면서 기업 이미지 자체도 건강해지고 있습니다. 뿐만 아니라 생산성 향상과 수입 창출도 높아지고 있습니다. 무엇보다도 의식적으로 성숙해지다 보니 스스로 주인의식을 갖게 된다는 점입니다.

국내 대기업에서도 그룹 차원에서 명상을 도입하는 곳이 많아지고 있으며, 기업의 강연 워크샵 문화 또한 달라지고 있습니다. 예전엔 건강과 스트레스 해소를 주제로 다뤘다면, 최근엔 명상을 통한 비움과 의식적인 깨어남이 있는 프로그램을 요청하는 곳이 많습니다. 그리고 기업과 지방자치단체 등 여러 곳에서 명상 빌리지를 만들자는 제안이 들어오고 있습니다.

국내외적인 흐름으로 볼 때 앞으로 더 많은 사람들이 생활 속에서 명상을 하거나 찾게 될 것입니다. 개인 혹은 가족들, 지인들과 함께 숲길을 걷고, 밤하늘의 별빛을 느끼는 것 만으로도 명상이 됩니다. 자연이 주는 바람, 물, 하늘, 단풍, 낙엽 등 모든 자연의 변화와 색채가 명상이 되고 치유가 될 것입니다. 그래서 앞으로는 힐링 제품을 만드는 기업들이 많아질 것입니다. 만드는 기업도 건강해지고 사용하는 사람도 건강해지고 그것을 바라보는 주위도 더불어 건강해지는 그런 문화가 많이 생겨날 것입니다.

예일, 하버드, MIT 교수들이 명상을 연구한 뒤 '명상은 동양의 신비가 아닌 증명된 과학이다.'라고 결론을 내렸으며 시사주간지 '타임'에서 명상의 효능을 뒷받침하는 특집기사 '명상의 과학(the Science of Meditation)'이란 의학적 근거를 제시한 이후 명상 인구는 더욱 증가 추세에 있다고 합니다. 최근엔 세계적으로 유명한 명상가와 멘토들이 국내 방송에서도 강연을 하고 있습니다.

주위 사람들에게 전달 받은 내용을 듣고, 판단할 것이 아니라 직접 경험하고, 체험해 보길 바랍니다. 아직 해보지 않은 망설임이 있다면 용기가 필요하고 명상을 경험 한다면, 당신의 삶이 변화되고 새로워 질 것입니다. 지금의 나를 있는 그대로 바라볼 수 있으며, 생각과 감정에 머물러 고민하기 보단, 드러나지 않는 당당함으로 의지대로 행동 할 수 있는 힘이 생길 것입니다. 그리고 세상을 바라보는 관점이 달라질 것입니다. 부정보다는 긍정에너지를 많이 쓰게 되고, 그렇게 되도록 애를 쓰는 것이 아니라 저절로 그렇게 되어집니다. 더 깊어진다면 어디에도 치우치지 않는 중심에 머물게 될 것입니다.

스스로 그간 힘들었던 것이 이유가 있었구나 자신의 삶을 이해하는 계기가 될 것입니다. 또한 내가 좋아지길 원하는 것처럼 다른 사람들도 나와 같은 상황이라는 사실을 알게 됩니다. 부딪침보다는 상대에 대한 존중이 자연스럽게 일어날 것입니다. 사람의 내면을 느낄 수 있게 되고, 부분에서 전체를 볼 수 있는 통찰력이 생겨납니다. 변화와 성장을 통해 있는 그대로의 자유로움과 진정한 풍요는 이제 당신의 아름다운 라이프 스타일이 될 것입니다.

이제 수련적인 명상과 일상 생활 속에서의 명상을 소개하고자 합니다. 명상의 방법을 나누고 있지만 체험은 자신의 의지와 의식 수준에 따라 다른 것임을 알아야 할 것입니다. 명상이 어렵다면 아직 내면의 세계로 들어갈 준비가 되어 있지 않은 것입니다.

'명상'을 체험하고 언어로서는 표현할 수 없는 풍요로움 속에서 자기 자신을 사랑하고 존중하는 날이 올 수 있길 기원합니다.

세계는 지금 명상중

1. 명상을 통해 성장하는 영혼들

짐 케리 14 | 리처드 기어 15 | 마이클 조던 15 | 타이거 우즈 16 | 박찬호 16 |
오프라 윈프리의 확신 17 | 비틀즈 19 | 기네스 팰트로 20 | 데이비드 린치 21 |
고소영 22 | 그 외에도 23 | 빌 클린턴 & 힐러리 23 | 스티브 잡스 24 |
명상을 하는 기업 24 |

2. 생활 속에서 하는 명상

왜 웃는가? 26 | 어떤 생각 26 | 지금 여기 27 | 헛헛함 27 | 중독 28 |
책상 29 | 조금 덜 29 | 퍼잠 30 | 코골이 30 | 변화 31 | 삶에서 31 |
현존 32 | 이미지 32 | 나눔 33 | 필요 이상 34 | 청소 34 |
3가지 아름다움 35 | 3가지 눈물 36 | 3가지 직업 36 | 미소 짓기 37 |
일상에서 38 | 긍정 39 | 식사 40 | 거울 41 | 촛불 41 | 집착 42 | 변신 42 |
광장 43 | 지금 이 순간 44 | 집 45 | 음식물 쓰레기 46 | 환자 47 | 차 48 |
운전 49 | 비교 50 | 컴퓨터 51 | 지하철 52 | 속도 53 | 화장실 54 |
샤워 55 | 횡단보도 55 | 방콕 56 | 작은 방 57 | 네비게이션 58 |
피곤할 때 59 | 수면 60 | 기상 61 | 이불 62 | 정리하기 63 | 교류 64 |
관계 속에서 64 | 처음처럼 65 | 내려놓아라 66 | 내가 먼저 67 |
적당한 거리 67 | 낯설게 바라보라 68 | 존중하라 69 | 모든 것을 69 |
이별 70 | 착각 71 | 내 마음 71 | 풍요 72 | 기억 속에 산다 72 | 뛰어라 73 |
똥개가 짖어도 기차는 달린다 73 | 땀 흘려라 74 | 의식과 에너지 74 |
동요하지 말라 75 | 입장차이 75 | 여자 76 | 남자 77 |

3. 자연과 하나되는 명상

꽃잎 80 | 나무 81 | 바위 82 | 별빛 82 | 바람 83 | 눈 83 | 태양 84 |
하늘 84 | 폭포 85 | 비 85 | 맨발 86 | 물 87 | 걷는 88 | 해변 89 | 파도 89 |
아일랜드 90 |

4. 영혼을 깨우는 명상

요람 92 | 춤 92 | 컨트롤 94 | 허공 95 | 소울 96 | 치유 97 |
소리 없는 울음 98 | 뚫어 99 | 호흡 100 | 통찰명상 100 | 빛 101 |
따뜻한 돌 명상 101 | 차크라 명상 1 102 | 차크라 명상 2 103 | JEEP 104 |
크루즈 105 | 북 106 | 머머 (씨부리) 106 | 명상 페스티벌 107 |
나와 인류를 위한 기원 108 |

5. 마음을 벗어나 명상으로

명상을 하면 110 | 명상은 110 | 3가지 에너지 110 | 생각 111 | 관 111 |
집중 111 | 변화를 원한다면 112 | 이완 113 | 움직이는 명상 절체조 114 |
바라보기 114 | 내려놓기 115 | 깨어있기 116 | 이 순간 117 | 건망증 117 |
정신 나간 놈 118 | 한 곡 만 118 | 이름 119 | 채널 119 | 녹음 120 |
마음 작용 120 | 선택의 힘 121 | 변심 122 | 말도 안 되는 소리 122 |
의심하라 123 | 유리로 된 항아리 124 | 마음을 벗어나라 125 | 초월 125 |
이상형 126 | 진정 아는 것 126 | 나를 만나는 눈물 127 |
마음 알아차리기 128 | 길 129 | 가만히 있어라 129 | 침묵 130 | 어둠 131 |
우주의 리듬 131 | 부정하라 132 | 명상 10단계 133 | 방향 134 |
소리 없는 울음 136 | 명상을 하면 136 | 더 깊어질수록 136 | 느낌 137 |
안 하는 것이다 137 | 나이 138 | 의식만큼 138 | 죽음 139 | 생 사 140 |
영혼의 만남 140 | 전생 141 | 후생 142 | 연말연시 143 | 각성 144 |
비움 145 | 의식확장 146 | 우리 모두는 힘들어 한다 147 | 의식레벨 148 |
의식의 파장 149 | 목사와 스님 150 | 지금 여기 1 151 | 지금 여기 2 152 |

6. 관념에서 순수의식으로

순수 154 | 동심 155 | 벽 155 | 양파 156 | 많이 아는 바보 156 |
소풍처럼 157 | 관념 벗기 158 | 장소 159 | 나이 159 | 그저 바라보라 160 |
씨앗 160 | 안정 인정 지배 161 | 진실한 종교 161 | 어디에서 태어날까 162 |
이중성 163 | 깊어져라 164 | 영생 164 | 영혼 165 | 행복 165 | 질문 166 |
정보를 내려놓아라 167 | 똑 같은 나 168 | 신은 세상이다 168 |
알아차리기 169 | 전하는 것과 나누는 것 170 |

7. 꿈에서 깨어나라

의지 172 | 망상 妄想 172 | 망각 妄覺 173 | 망령 妄靈 173 |
명상 瞑想 174 | 스크린 175 | 카르마 176 | 불치병 177 | 하심 178 |
파괴하라 179 | 에고 180 | 무덤 180 | 고속도로 181 | 멍멍 182 |
불이야 183 | 덜 미쳐라 184 | 마음은 없다 186 | 모든 것은 없다 187 |
나는 나를 존경하는가 188 | 무심 189 | 신의 모습 190 | 우주의 시간 191 |
언어이전 192 | 신성 193 | 신의 이름으로 193 | 나마스떼 194 | 갈등 195 |
3가지 의식 196 | 깨어있는 자 197 | 나를 따르라 198 | 꿈꾸는 종교 199 |
긍정 십계명 200 | 오프라 윈프리의 십계명 201 | 평화로운 십계명 202 |
즐거운 십계명 203 | 심플 일계명 204 |

8. 명상으로 바라 본 문화

인간 안에 수성 영혼 신성을 알려주는 영화 206 |
지구 평화와 영혼의 성장을 안내하는 영화 아바타 207 | 효녀 심청 217 |
공 220 | 도서 221 | 영화 222 | 지구와 영혼을 노래한 가수 223 |
분리가 아닌 우리 모두는 하나라는 인류애를 노래한 존 레논의 Imagine 224 |

9. 마음 길들이기

멈춰 228 | 원숭이 229 | 코끼리 230 | 호랑이 231 |

10. 명상 코리아

남해 바래길 234 | 남해 다랭이 마을 해안 바위 234 | 제주 사려니 숲 길 235 |
제주 비자림 236 | 가평 용추 계곡 237 | 가평 행현리 잣나무 숲길 238 |

11. 신성으로 하나되기

모르는 자 240 | 아는 자 240 | 하나의 얼굴 241 | 나는 누구인가 242 |
중심 243 | 존재 244 | 코리아 245 | 인류 245 |
인간의 신성 실현을 위한 도시 인도, 오로빌 Auroville 246 |
사랑하는 지구 248 |

12. 삶이 명상이다

삼각산 수제비 250 |

# 1. 명상을 통해 성장하는 영혼들

짐 캐리

스크린에서 웃는 모습만큼 인생 그 자체도 행복할 것 같은 그도 극심한 우울증에 시달렸다고 한다. 우울증 극복을 위해 오랫동안 약을 복용했지만 점점 더 약에 의존하게 되자 명상을 시작했다고 한다. 그가 오프라 채널과의 인터뷰에서 "나는 깨어났고 갑자기 깨닫게 되었다. 우리가 경험하게 되는 대부분의 고통 등에 대해 책임감과 함께 또 다른 시각을 가지게 되었다. 누구지? 나는 참 이상하다고 생각했다. 그리고 갑자기 나 자신이 확장되는 듯한 경험과 나의 문제들로부터 놀라운 자유를 느낄 수 있었다. 나는 내 몸보다 더 크게 느껴졌고 나는 모든 것이자 누구도 될 수 있었다. 나는 더 이상 부서져 나온 파편이 아닌 우주 자체가 되었다." 라고 한 것은 그가 의식적인 확장과 차원이동을 경험한 것이다.

리처드 기어

명상을 통해 자기 자신을 돌아보고 화를 다스리는 법을 배웠으며 아내와 부부 싸움을 할 때면 화를 내기 전에 한숨을 돌린 뒤 명상을 하면 싸움을 피할 수 있다고 한다. 그리고 명상 후에는 의식이 훨씬 뚜렷해져 바른 생각을 가질 수 있다고 한다. 지금은 할리우드 스타들에게도 명상을 추천하며 명상 전도사의 역할을 하고 있다. 그는 아무리 바쁘더라도 하루 1시간 이상은 명상을 한다고 한다. 30년 동안 명상을 하지 않은 날을 다섯 손가락에 꼽을 정도로 명상을 게을리하지 않는다.

마이클 조던

전설적인 농구천재 마이클 조던은 '명상 매니아'였다. 매 경기 시작 전 묵묵히 코트를 등지고 앉아 명상에 심취해 있었다고 한다. 48분이라는 경기시간은 신체적 능력도 중요하지만 엄청난 집중력을 필요로 한다. 그래서 정신력 싸움이라고도 표현한다. 명상을 통해 경기가 끝나기 전까지 포기하지 않는 집중력이 지금의 그를 있게 한 힘이라고 했다. 마이클 조던이 시카고 불스와 함께 최고의 전성기를 누리며 농구 황제가 되었던 시절에 그에게 팀의 우승 비결을 물었을 때 명상이라고 대답해 화제가 되었다. 명상을 통해 집중력을 키운 뒤 경기에 임했으며 명상을 '마법 같은 경험'이라고 했다.

타이거 우즈

4세 때부터 부모님으로부터 명상을 배웠고 항상 경기에 들어가기 전에 시간을 내서 명상으로 몸과 마음을 다스린다고 하였다. 그리고 "경기에서 진정으로 승부를 할 때 나 자신을 바라봅니다. 초조함과 꼭 이겨야만 한다는 욕심, 그러한 것으로부터의 모든 욕망을 버리고 홀가분한 마음으로요. 욕심을 부추기는 저 자신과 싸우며 공 하나하나를 쳐왔습니다." 힘들었던 시기를 극복하고 재기하는데 명상의 도움을 받았으며 자신의 실수를 용기 있게 인정하고 재기하기 위해 그 동안 소홀했던 명상을 다시 시작했다고 한다.

박찬호

서울대 강의에서, 잘 던질 때는 그토록 칭찬하던 사람들이 마치 원수처럼 비난할 때는 엄청난 배신감으로 다가왔어요. 하지만 명상을 시작하면서 어려움을 극복할 수 있었다. 명상을 하면서 내 자신을 돌아 볼 수 있게 되었고 초심을 찾을 수 있었다. 결국 덤덤하게 현실을 받아들이게 되었으며 재기할 수 있었다고 했다. MBC 스페셜에서는 텍사스 때 명상 없으면 저는 아마 이 세상에 없었을 수도 있어요. 명상을 통해서 다시 한번 나를 찾고 정리하는 시간을 가졌던 거죠.

오프라 윈프리의 확신

"최대한 자아표현을 추구한다" 이것이 내 인생을 압축해서 나타낸 문장이며, 현재 나의 실상을 말합니다. 지금 이 약식 회상록을 쓰면서 내 과거를 돌아보니 나의 실상은 지금까지 발전해왔고 또 지금도 발전하고 있음을 느낍니다. 내가 작년에 했던 말들은 금년에는 적용되지 않습니다. 그 이유는, 만약 우리가 계속 성장하는 존재라면 우리는 우리 자아와 자아표현의 더 높은 기준을 찾는 일을 멈추지 않기 때문입니다.
오프라 윈프리가 OWN이라는 잡지에 다음 장을 쓰기 위해 미국 아이오아 주의 페어필드를 방문했을 때의 일부 내용을 발췌한 글이다. 그곳은 미국 중서부 농업지역의 중앙에 있으며 인구 9천 5백인 자그마한 마을인데, 저녁 교통체증을 만날 줄은 전혀 몰랐습니다. 알고 보니 많은 사람들이 명상을 하러 가느라고 그렇다는 군요. 페어필드에서는 그것이 일상이며 2/3이상에 해당하는 시민들이 모두 하루에 2번씩 함께 명상을 한다. 이 곳에서는 명상과 힐링을 주제로 한 여러 예술 문화 공연뿐 아니라 교육, 그리고 자연친화적 사업이 발달한 곳이다. 가장 범죄율이 낮은 도시 중 하나이며 개개인의 행복 만족지수가 높은 도시이다.
이곳에서의 명상의 목적은 고요에 잠기는 것이었습니다. 알고 보면 모든 창의적 표현, 평화, 빛, 그리고 사랑은 이 고요에서 나옵니다. 그 고요는 강력한 에너지를 발산하면서도 마음을 아주 차분히 가라앉히는 경험이었습니다. 끝내지 말고 계속 하고 싶었어요.
명상을 끝냈을 때, 나는 들어갔을 때보다 더 충만한 상태로 걸어

나왔습니다. 희망, 만족감, 그리고 기쁨이 넘쳐 흘렀습니다. 우리를 사방에서 괴롭혔던 갖가지 골치 아픈 일상문제들이 있지만 그 속에서도 고요가 지속되고 있음을 알게 되었습니다. 단지 그 명상의 공간에서만 여러분은 최고의 작품과 최상의 인생을 만들 수 있습니다. 그래서 이제 저는 최소한 하루 한번(혹은 여유가 있으면, 두 번) '고요'란 보약을 복용합니다. 아침에 20분, 저녁에 20분. 명상교사들이 우리 회사원 중 원하는 모든 사람들에게 명상을 가르쳤습니다. 그 결과는 아주 놀랍습니다. 잠을 잘 자게 되고, 배우자, 아이들, 직장동료들과 관계가 좋아졌습니다. 한때 두통에 시달리던 사람들은 고통에서 벗어났습니다. 우리 회사에 창의성과 생산성이 넘쳐납니다.

다시 한 번 Glinda the Good Watch의 "여러분은 항상 파워를 지니고 있습니다." 라는 말이 옳았음이 증명되고 있습니다. 여러분이 그 파워를 찾으려면 단지 고요해지면 됩니다. 그리고 여러분이 고요해졌을 때 여러분은 최대한 자아표현을 추구하는 길에 들어서게 됩니다.

자신의 스튜디오에서 직원들과 하루에 두 번씩 명상을 하고 있는 오프라 윈프리는 최근 TV 인터뷰에서 명상은 자신과 직원들의 삶을 탈바꿈시켰다고 말했다.

비틀즈

1960년대 영국 팝음악의 아이콘인 비틀즈도 명상에 심취했었다. 좀 더 새로운 분야에 몰두하고 싶어 했던 비틀즈 멤버들에게 명상은 새로운 충격을 가져다 주었다. 그들은 영국에서 열리는 단기 명상 코스에 참가하고, 본격적인 명상 수련을 위해 인도 여행을 떠나기도 했다. 명상에 빠져있었던 1967년에만 16곡을 발표하며 활동이 가장 왕성했던 시기로 꼽히며 명상을 통해 새로운 창작을 하게 되었다. 창작의 고통으로 약물과 각성제에 빠져 있던 비틀즈 멤버들이 '명상'을 통해 새로운 창작 수단을 발견한 것이다. 비틀즈의 노래는 명상 이전과 이후로 나눌 수 있으며 그들의 수많은 명반들도 명상을 통해 의식적인 성장과 영감을 얻고 난 이후에 나온 것으로 알려져 있다. 명상을 통해 얻은 음악적 영감은 사회문제와 지구평화를 담은 음악을 만들어냈고 그때부터 진짜 그들다운 음악들이 탄생하는 계기가 되었다.

기네스 팰트로

그녀는 2008년부터 생활정보 사이트 '구프닷컴'을 운영 중이며, 자신의 생활 노하우를 소개하고 나누는 것에 앞장서고 있다. 2011년 신년 계획으로 명상을 배울 것을 밝히면서 "항상 내가 해야 되는 것으로 느꼈으나 어떻게 하는지 몰랐다. 명상을 하는 지인들은 명상이 정말 멋지고 명상을 하기 전에는 진정한 평화/진리/만족감을 알 수 없다고 말하곤 했다" 라고 했다.

그녀는 명상을 시작했고 그녀의 회사는 비영리 단체인 데이비드 린치 재단에 기부와 후원을 약속했다. 데이비드 린치 재단에서 사회 소외 계층의 아이들을 위한 명상, 특히 교내 명상 프로그램을 시행하고 성공적인 결과를 이끌어 낸 것이 그녀의 결정을 도왔다고 한다.

데이비드 린치

자신이 체험한 명상을 사회와 나누고 있는 영화 감독 데이비드 린치가 세계 평화를 위해 70억 달러를 모은다고 〈가디언〉이 보도했다. 그가 세계 평화의 방법으로 제시한 것은 바로 명상이다. 70억 달러는 전세계 학교의 명상 프로그램을 위해 쓰여질 예정이라고 한다. 명상을 통해 청소년들이 우울하고 불안한 성인이 아닌 평화주의자가 될 수 있다는 것이 린치의 생각이다.

데이비드 린치는 자신의 이름을 내건 재단(David Lynch Foundation for Consciousness-Based Education and World Peace)을 통해 이 기금을 조달할 계획이며 "내 취지에 공감하는 부자들을 찾아낼 생각이다.

이 계획이 성공한다면 지구에 진정한 평화를 가져다 줄 것이다. 진정한 평화는 전쟁이 사라지는 것뿐만 아니라 부정성(negativity)이 사라지는 것을 의미한다."고 말했다.

린치는 30년 이상 명상을 해왔다. 〈이레이저 헤드〉〈블루 벨벳〉〈로스트 하이웨이〉등 영화 사상 가장 어둡고 거친 영화들을 만들었지만 명상 이후 그의 창의성과 영화관은 크게 달라지고 있다.

데이비드 린치는 미국에서 가장 창의적인 사람으로 평가 받는다. 그 창의성은 40년 가까이 해온 명상의 힘이라고 말하곤 한다. 그의 재단은 학교, 여성, 군대, 아메리칸 인디언, 노숙자, 수감자, 아프리카 등 미국 내 도움을 필요로 하는 곳에 명상 프로그램을 나누고 있다.

고소영

SBS 힐링 캠프에서 처음에는 살도 빼고 라인도 만들 겸 갔는데 거기서 명상이란 것과 진짜 힐링을 경험했으며 치유를 많이 받고 내 안에 담아놨던 걸 풀 수 있었다고 했다. 그리고 당시 즐겨 했던 절체조를 소개하면서 "특정 종교와 관련 있는 것이 아니라 명상의 한 방법"이라면서 MC들 앞에서 직접 시범을 보이기도 했다. 이어 "무슨 일이 있어도 반드시 꼭 한다는 것이 철칙"이라고 덧붙였다. 고소영은 절체조가 종교와 상관없다는 것을 언급했으며 종교의 행위라는 분리된 의식이 아니라 누구나 할 수 있는 통합된 의식을 말하고 있는 것이다. 사실 행위는 행위일 뿐 그 누구의 것도 될 수 없지만 사람들의 고정화된 관념이 문제이다. 그녀는 체험을 통해서 좋아진 것을 친절하게 나누었으며 이제 치유와 명상을 경험하고자 한다면 머릿 속에 저장만 해둘 것이 아니라 스스로 해보길 바란다.

그 외에도

할리 베리는 "저는 항상 명상을 해요." 라고 말한다. 그녀가 스릴러 영화인 '고티카'를 촬영하던 시기에 악몽으로 힘들어했고 명상을 시작하면서 어려움을 이겨낼 수 있었다고 한다. 휴 잭맨은 명상은 자신의 인생을 바꿨다고 한다. 엘 고어 미국 전 부통령이자 노벨 평화상을 수상한 그와 아내는 기도를 하기도 하지만 명상을 체험하고 명상에 대해 "진심으로 명상을 추천한다." 라고 말했다. 제시카 알바는 임신했을 때부터 남편의 안내로 명상을 하기 시작했고, 태교에 도움이 되었다고 한다.

빌 클린턴 & 힐러리

미국 전직 대통령 빌 클린턴(2012년 당시) 그는 심장질환으로 힘들어지자 스스로 안정을 찾기 위한 방법을 갈구했다. 지난 몇 년 동안 일련의 심장질환을 겪은 후 채식과 자신에게 맞는 명상으로 건강의 비결을 찾게 되었다. 미국의 외교사절로서 빡빡한 일정을 소화하고 있고 자신을 건강하게 해줄 무엇인가가 필요했다. 명상을 시작한 이 후에는 스스로 안정을 되찾으며 긍정적인 에너지로 충만함을 느낀다고 했다. 그리고 그 어느 때보다 건강하고 강인하다고 했다. 지금은 힐러리 클린턴과 함께 명상을 즐기며 "명상을 통해 마음의 고요와 평화를 찾는다."고 한다.

스티브 잡스

스티브 잡스는 20대 때부터 명상을 배우고 동양철학에 깊은 관심을 가졌으며 대학졸업장 대신 인도여행을 통해 깊은 내면적 성찰의 시간을 보냈다고 한다. 그의 놀라운 상상력과 통찰력은 명상을 하는 자신의 방에서 찾았으며 "내 열정과 창의력의 원천은 아침마다 하는 명상에 있다."고 하였다. 명상의 효과를 인지한 그는 사내 명상실을 만들고 직원들이 근무시간 중에도 명상을 할 수 있도록 했으며 20대 때 명상을 배워 죽기 직전까지도 매일 명상을 하였다고 한다. 그의 삶을 다룬 영화 [스티브 잡스]를 보면 놀라운 직관력을 사용했음을 알 수 있다.

명상을 하는 기업

구글. 명상을 통해 동료의 말을 경청하게 되고 감성지수가 향상 되었다. 직원들의 정신 건강과 웰빙, 그리고 회사의 이익이 동반 성장한다고 믿기에 명상실과 명상 프로그램을 아낌없이 제공한다.
나이키. 'Just do it'은 명상과 일맥상통한다. 사무실을 떠나지 않고도 원할 때 명상실을 이용할 수 있도록 하고 있다.
야후. 근무 중 스트레스를 해소하기 위해 사내에 명상실을 마련해 놓고 명상을 하도록 한다.

2. 생활 속에서 하는 명상

왜 웃는가?

그럼 화난 얼굴로 다녀야 하는가?

어떤 생각

하루 중에 가장 많이 하는 생각이 중심이 되어 하루 종일 나를 끌고 다니게 될 것이다.

지금 여기

초등학교 중학교 고등학교 대학교를 졸업하고 나면 먹고 살기 위해 직업을 가져야 한다. 결혼을 하고 아이를 낳고 나면 그 아이가 자라고 공부할 수 있도록 더 많은 돈을 벌어야 한다. 미래의 안정을 위해 집을 장만해야만 하는 목적을 갖고 이 순간의 삶을 느끼지 못했다면 이제 내일과 미래를 꿈꾸며 살아왔던 방향을 바꿔야 한다. 분명 삶이 즐겁지 않았을 것이다. 즐거움은 과거나 미래에 있는 것이 아니라 지금 여기에 있기 때문이다. 지금 이순간이 목적이 되도록 집중해 보라! 깨어나고 선명한 느낌으로 삶의 목적이 새롭게 보일 것이다.

헛헛함

많은 음식을 먹고도 배가 고파 헛헛하다면 배가 고픈 것이 아니라 의식적으로 가난하기 때문에 풍요롭지 못한 것이다. 지금 그대에게는 음식이 아니라 명상이 필요하다.

중독

중독은 일종의 방향이 다른 명상이다. 스마트 폰 이나 게임에 빠져있는 사람은 뒤에서 누군가 불러도 잘 못 듣는 경우가 있다. 습관적으로 한 곳에 집중하게 되는 것은 잡다한 생각은 사라지고 하나의 상황에 몰입 할 수 있는 것이 편안하기 때문이다. 스스로 게임에 중독되어 있는 것을 알면서도 하지 못하는 불안감보다는 그것을 하는 동안에 맛보는 안정감 때문이다. 하지만 게임의 한계는 머리를 반복적으로 쓰기 때문에 비움의 명상은 되지 못하는 것이다. 게임을 하면서 몸 안에 저장된 모든 에너지를 다 끌어다 쓰기 때문에 몸 상태가 좋아질 리는 없다. 또한 요즘 아이들이 하는 게임을 보면 너무나 잔인하고 섬뜩하다. 총을 쏘고 칼로 목을 자르는 죽음이 많아질수록 점수가 높아진다. 그로 인해 돈을 버는 기업은 쉼 없이 게임을 연구하고 더 잔인한 상상의 제품을 만들어 낼 것이다. 그러하니 이상하게 생각하지 말라. 게임에 빠진 아이의 실 생활은 중독된 게임의 내용처럼 변해갈 것이다. 깨어있는 부모라면 먼저 그 아이를 자연으로 데려갈 것이다. 이제 기계를 내려놓고 방향이 다른 상상을 해야만 한다. 푸른 바다와 하늘을 날며 자유로워 질 수 있도록.

책상

책상 위의 서류를 다 밀어내고 가부좌를 틀고 앉아보라. 책상은 서류만 올리고 쓰는 것이란 관념 하나를 버렸을 때 자유로움을 얻게 될 것이다. 우리는 일상 속에서 고정화된 관념으로 인해 힘들어 한다. 공부와 일로 연결되는 책상이라는 관념을 앉을 수도 있고 쉴 수 있는 공간으로 활용해 본다면 의미가 달라지는 것을 체험하게 될 것이다. 책상에 앉는 것 자체가 스트레스인 학생에게 책상 명상을 권했더니 얼마 후 놀라운 변화가 일어났었다. 책상 위에서 책을 보는 것이 재미있어 졌다고 하니 그대도 그저 한번 앉아 있어보라. 그것으로도 스트레스를 날려버리는 충분한 쾌감을 느끼게 될 것이다. 직장 내 많은 사람들이 특정한 요일을 정해서 책상 위에 앉아 명상을 한다면 스트레스를 날려버리고 맡은 일을 즐겁게 할 수 있을 것이다.

조금 덜

기쁠 때 조금 덜 기뻐하고 슬플 때 조금 덜 슬퍼하라.
조금씩 줄여나가다 보면 조금씩 감정이 싱겁다는 것을 발견하게 될 것이다. 감정이 조금씩 싱거워지다 보면 좋고 싫음은 사라지고 중립에 머무를 수 있게 된다.
그때 비로소 치우치지 않는 존재의 자유로움을 알게 될 것이다.

퍼잠

아무 생각 없이 그냥 될 대로 돼라 하고 퍼질러 자는 명상이다. 걱정하지 말고 맘껏 자고 나면 도움이 될 것이다. 전화도 받지 말고 방문객도 만나지 말라. 그냥 죽었다 생각하고 퍼질러 자고 나면 새로워 질 것이다.

코골이

코를 고는 사람들이 쉽게 할 수 있고 경험했을 수도 있는 명상이다. '코를 골며 자다가 문득 내가 코를 골고 있구나.' 라고 느끼는 그 짧고 선명한 순간이 나이다. 코를 고는 것은 단지 몸에서 일어나는 하나의 작용일 뿐 내가 코를 고는 것은 아니다. 이제 코고는 것 때문에 눈치를 보며 잠들지 말고 설레임을 가지고 잠들라! 코를 고는 것을 느끼고 깰 때 그 짧은 순간에 존재인 나를 느끼게 될 것이다.

변화

미안해
아냐 내가 미안해
이런 세상이 왔다
이 글을 읽는 지금 이 순간
그대에게도 이와 같은 변화가 일어날 것이다!

삶에서

부딪침이 없는 자는 깨달은 자이거나 회피하는 자이다. 부딪치는 자가 깨달음에는 더 가깝게 다가가 있는 것이니 부딪침을 통해 부서지고 내려놓고 비워지길 바란다.

현존

오늘이 내 인생의 마지막 날이라면 어떤 표정을 짓고 무슨 일을 하겠는가? 그 의미를 알게 된다면 불필요한 일과 불필요한 감정은 사라지게 될 것이다. 우리 모두는 늘 오늘 하루만 살고 있는 것이다. 더 짧게는 지금을 살거나 지금 죽을 뿐이다. 지금을 살고 있는 그대가 힘들다면 과거의 기억을 현재에 끌어왔기 때문이다. 과연 오늘이 인생의 마지막 날이라도 현존이 아니라 이미 지나고 죽어있는 과거의 기억을 끌어오고 싶은가? 과거의 눈으로 세상을 바라보는 한 새로운 나는 태어날 수 없다.

이미지

원하는 것 되고 싶은 것에서부터 실생활에서의 부딪침을 떠올리며 그 상황을 풀어가는 상상을 해보라. 신기하고 놀랍게도 그 상황에 필요한 언어와 답을 찾게 될 것이다. 야구, 축구, 골프 등 모든 스포츠에서도 효과를 보게 될 것이며 부족하고 안 되는 것만 기억하며 속상해 할 것이 아니라 자세와 움직임, 그대의 생활 속 모든 상황에 적용해 보라. 현실에서 놀라운 경험을 하게 될 것이다.

나눔

가진 돈을 많이 나누라고 하는 것이 아니다. 그대가 느낀 것을 나누면 된다. 나눌 것이 없다면 상대방의 장점을 찾아 이야기 할 수 있는 것만으로도 충분한 나눔이 된다. 상대방에게 장점이 없다면 없는 것이 아니라 그대에게 장점을 볼 수 있는 눈이 없어서 찾지 못하고 있는 것이며 그대가 의식적으로 가난하기 때문이다. 시기와 질투 자만과 편견 때문에 결코 찾을 수 없는 것이다.
의식적으로 풍요로운 자는 성의 없는 말이나 건성으로 하는 말이 아닌 진심으로 말을 한다. 그래서 풍요로운 자와 함께 있으면 어디에서나 풍요롭다. 그대가 풍요롭고 싶다면 존재계의 모든 이들과 그저 나누길 바란다. 나눔을 통해 비우고 성장하는 것이다. 고맙다, 사랑한다, 감사하다. 이와 같은 말들은 이유가 있어야만이 나눌 수 있는 말이 아니다. 그냥 하면 된다. 지금 옆 사람에게 사랑한다는 말을 해보라. 그것을 받아들이지 못한다면 그대의 잘못이거나 책임이 아니다. 단지 그대가 할 수 있는 표현을 한 것이며 어색해 하던 그 사람에게서도 곧 변화가 일어날것이다.

필요 이상

내면이 풍요로운 자는 필요 이상 외면을 꾸미지 않는다. 내면은 변하지 않는 것을 알기 때문에 의식적으로는 있는 그대로 늘 자유롭다. 내면이 가난한 자는 필요 이상 외면을 화려하게 꾸민다. 외면은 변하는 것을 알기 때문에 의식적으로는 늘 불안하고 두렵다.

청소

그 옛날 어머니들은 빨래를 아버지들은 나무를 하면서 명상을 하였다. 분노가 일어나는 감정적인 에너지를 빨래하는 그 순간에 집중 하다 보면 사라지기 때문이다. 그렇다면 지금 시대는 어떤가?
빨래는 스위치만 누르면 세탁기가 하고 나무를 하고 장작을 패지 않아도 스위치만 누르면 보일러가 돌아가면서 따뜻해진다. 불을 지피며 밥을 하지 않아도 스위치만 누르면 밥이 되는 세상이다. 몸을 움직이지 않는다면 에너지는 정체될 것이다. 감정이 일어날 때 청소를 해보라 땀 흘리고 비우면서 청소 그 자체에만 집중하다 보면 복잡했던 감정은 사라지고 청소하는 자만 남게 될 것이다. 춤에 집중하다 보면 잡다한 생각들은 다 사라지고 오직 춤추는 자만이 남게 되는 것처럼 행위에

몰입하면 그 자체가 된다. 오직 그 자체에만 집중해보라. 그대는 곧
명상을 경험하게 될 것이다. 그대는 청소가 되고 청소는 그대가 될
것이다. 그대는 청소를 하며 마음을 닦고 있는 것이며 마음이 사라지는
것을 경험하게 될 것이다. 청소를 하며 그와 같은 느낌을 받지 못했다면
집중하지 않은 것이다. 그대에게서 '나' '내가'라는 마음이 사라진다면
그대는 이미 바닥이나 창틀을 닦는 것이 아니라 세상을 닦고 있으며
이미 세상과 하나가 되어 있을 것이다. '나'라는 관념이 벽이 되어
세상과의 소통을 막고 있었던 것이다.

3가지 아름다움

육체적인 아름다움
지적인 아름다움
영적인 아름다움
그대는 어떠한 매력과 향기로 아름다움을 나누고 있는가?
알아차리도록 하라.

3가지 눈물

육체적으로 아플 때 흘리는 고통의 눈물
마음이 힘들 때 흘리는 감정의 눈물
영혼이 깨어날 때 흘리는 이유 없는 눈물
그대는 어떠한 눈물을 흘리고 있는가?
영혼의 눈물을 알고 나면 육체와 마음의 눈물은 사라진다.
자신이 흘리는 눈물을 통해 의식을 알 수 있을 것이다.

3가지 직업

사람을 죽이는 일
사람을 이용하는 일
사람의 영혼을 깨우는 일
그대의 직업은 어디에 해당하는가?

미소 짓기

무의식에서 의식적으로 변화되는 시작이다. 평소에 자신의 모습이 미소가 없는 긴장되고 삭막한 표정이라면 이제 미소를 지어야지 하고 스스로 의지를 내서 입 꼬리를 올려보라. 생각해보고 기분이 좋아서 웃는 것이 아니다. 누군가 나에게 도움되는 행위를 해서 기분이 좋아서 웃는 것도 아닌 이유 없이 미소 짓는 것을 말한다. 숨을 들이 마시고 내쉴 때마다 입 꼬리가 점점 더 올라간다고 상상해보라. 변화가 일어날것이다. 연습이 반복될수록 아이들이 웃을 때 아무런 이유 없이 그냥 웃는 것처럼 순수한 의식으로 깨어있는 웃음이 일어날 것이다. 처음에는 경직되고 잘 되지 않을 것이다. 그래도 해보라. 잠들기 전에도 하고 아침에 눈을 뜨면서도 하고 그렇게 하다 보면 어느 날엔가 자다가도 웃는 것을 발견하게 되고 잠에서 깨면 입 꼬리가 올라가 있을 것이다. 내가 웃는 것만으로도 지구의 스마일 수치가 높아진다.

일상에서

지금 그대가 상대방에게 했던 말을 상대방이 그대에게 하는 말처럼
객관적 입장에서 들어보라. 상사나 아랫사람 그리고 고객을 대할 때도
상대방 입장이 되어보라. 그대가 쓰고 있는 에너지를 알게 될 것이다.
스스로에게 가족에게 직원들에게 상사에게 무의식적으로 하는 말을
체크해보라. 형식적인가? 진실되게 말하고 있는가? 긍정과 부정 중에
어느 방향으로 에너지를 쓰고 있는가? 스스로에게 '나는 왜 이렇게 잘
되는 일이 없는 거야' 라고 반복한다면 분명 잘 되는 일이 없을 것이다.
계속 그러한 에너지를 끌어당기기 때문이다. 어떤 사람에게 '나는 저
사람이 싫다'고 한다면 그 싫어함의 반복되는 에너지는 점점 더 커질
것이고 더 자주 그 사람을 만나게 될 것이다. 또한 내가 존중 받고
싶다면 먼저 존중해야 한다. 한번 존중해주고 기대를 하는 것이 아니라
스스로도 알지 못할 정도의 한결 같은 존중이 되어야 할 것이다.

긍정

나는 할 수 없다? 라는 부정적인 마무리도 나는 잘 될 수 있을까?
라는 의문적인 말도 아닌 '나는 할 수 있다' 라는 약간의 미래적인 말도
아닌 '나는 이미 되었다' 라고 지금 이 순간 긍정적 완료형이 에너지를
더욱 강하게 깨어나게 한다. 좋아진다고 생각하는 것과 확신하는 것은
에너지의 차이가 있다. 모든 일에 확신을 가지고 임하길 바란다.
뇌 속에 잠재되어 있는 의식은 아이처럼 단순하기 때문에 그대가
입력하는 대로 되어지는 에너지를 만들어 낸다. 지금 당장 눈을 감고
앞의 말을 반복해서 말해보라. 그대 내면 속에서 에너지가 만들어지는
것을 느낄 수 있을 것이다. 그 느낌을 받아들일 수 없고 믿을 수가
없다면 그대는 평소 '나는 절대로 할 수 없다' 라는 강한 부정적인 말을
스스로에게 해왔을 것이다. 뭐든 그대가 원하는 그대로 되어질 것이다.
무슨 일을 하든 안 될 것이라고 예상을 하지 말라. 잘 안 된다고 하면
잘 안 될 것이고 잘 된다고 하면 잘 될 것이다. 이래저래 머리를 굴리지
말고 그냥 잘 되었다라고 확신적 믿음을 갖고 움직여라. 의심하지
않는다면 잘 될 것이다. 이것이 에너지의 법칙이다.

식사

식사를 하는 동안은 먹는 음식에 집중해보라. 여러 가지 음식으로 배를 채우는 습관적인 식사가 아니라 시금치, 된장, 김치, 김 등 음식과 대화를 하듯이 맛과 향기를 느껴보길 바란다. 옆 사람과의 대화를 멈추고 오직 음식을 먹는 것에만 집중하길 바란다. 그대가 내면적인 사람이 아니라면 말없이 식사를 한다는 것이 주위 사람들 눈치를 보며 굉장히 어색해 질 수 있을 것이다. 그렇더라도 그 순간 먹는 것에만 집중하길 바란다. 대화는 식사 이후에 집중해서 하면 된다. 그렇지 않으면 대화할 시간에 밥을 잘 못 먹었는지 체한 것 같다고 말하게 될 것이다. 지금 이 순간 하고 있는 것에만 집중할 수 있다면 삶은 그 자체만으로도 즐거움이 가득하다는 것을 알게 될 것이다. 어떤 사람이 식사 시간에 TV를 켜놓고 신문을 보면서 먹는 사람을 본적이 있다. 그리고 옆 사람과의 대화도 끊임없이 하는 것을 보았다. 그는 지금 도대체 무엇을 하고 있는가?

거울

'나를 아는 즐거움'이란 책에 거울을 통해 내면을 체크해보라는 메시지를
남긴 적이 있다. 감정 상태가 얼굴 표정에 그대로 드러나기 때문이다.
화를 내고 있을 때 그 얼굴을 바라보게 된다면 이후로는 절대 화를 내지
않을 것이다. 오랜 시간 남들이 화내는 것을 많이 보아왔을 것이다.
그리고 그 모습이 추하다고 이야기 해왔을 것이다. 그렇지만 그대의
화난 모습을 거울을 통해 한번이라도 보게 된다면 내면으로의 여행은
시작된 것이다. 거울의 용도는 모습을 꾸미는 것 외에도 감정 체크를 할
수 있으며 삶이 달라지는 변화까지 경험하게 될 것이다.

촛불

어둠 속에 앉아 촛불을 켜보라. 어둠은 사라지고 동그란 빛과 어둠의
경계선 속에 그대는 앉아 있을 것이다. 이제 흔들리면서 타고 있는 초를
관찰해보라. 초는 스스로를 태우면서 어둠을 밝히고 있다. 그대에게도
내면의 영혼이 깨어나면 어둠이라는 감정은 사라지면서 밝아지고
자유로워 질것이다. 촛불을 바라보며 그대에게서 일어나는 감정이 타고
있다고 느껴라. 그러한 감정을 꾸준히 태울 수만 있다면 영혼의 불빛을
그대 안에서 만나게 될 것이다.

집착

좋아하는 것도 싫어하는 것도 집착이다. 좋아하는 것은 좋아해서 집착이고 싫어하는 것을 내려놓지 못하는 것도 집착이 된다. 그대도 어느 한쪽을 집착하고 있을 것이다. 집착은 불행의 시작이다. 좋아하는 것이 마음대로 되지 않을 때는 싫어하는 집착이 될 것이고 싫어하던 것이 마음대로 되면 좋아하는 집착이 될 수도 있다. 그대는 싫고 좋고 어느 한쪽에도 치우치지 않을 때 비로소 자유로워 질 것이다.

변신

몸이 변하는 것을 말한다. 머리카락을 짧게 자르거나 파마를 했을 때 '다른 사람' 같다고 말한다. 같은 그 사람인데 겉 모습이 바뀐 것을 두고 하는 말이다. 신상품을 입고 몸을 가려도 나이를 먹고 세월이 흐르면 몸은 주름이 생기고 늙어간다. 아무리 마사지를 받고 늙지 않으려 애를 써도 막을 수 없는 일이다. 변신은 자연스러운 것이다 결국 받아들여야 할 것이다. 그대가 진리를 거스를수록 내면 세계와는 점점 더 멀어지고 가난해 질것이다. 그대가 흐르는 물처럼 자연스럽게 받아들인다면 의식적인 변화를 경험하게 될 것이다. 어쩌면 겉모습에 신경을 썼던 만큼 내면적인 변화에 집중했었다면 지금쯤 성인이 되었을 수도 있다.

광장

큰 광장이 내려다 보이는 곳에서 많은 사람들이 멈추지 않고 오고 가는 것을 바라보라. 그 모습들은 그대 안의 생각과 감정이 쉴 새 없이 움직이고 있는 마음과 같다. 기회를 만들어 직장이든 가족이든 벗어나서 바라볼 때 감정의 동요 없이 관찰 할 수 있을 것이다. 그대가 이처럼 벗어나서 마음을 바라보기 시작한다면 곧 생각과 감정의 흐름을 알고 조절하게 될 것이다.

지금 이 순간

왜 명절 때 교통사고가 많이 발생하는가? 민족 대이동 설, 마음은 벌써 고향이라는 벗어남 때문에 운전하는 현재에 집중하지 못하고 사고를 일으키는 것이다. 사고가 일어나면 그때서야 현재에 집중하려고 하지만 그것은 집중하지 못한 것을 후회하는 마음일 뿐이다. 이처럼 마음은 왔다 갔다 하는 것이다. 지금 이라는 순간의 과정이 없다면 미래의 도착도 있을 수 없으니 마음을 지금 이 순간 현재에 잡아두라. 온전히 잡아둔다면 모든 즐거움은 이곳에 다 있음을 알게 될 것이다. 몸은 고속도로에 있고 마음은 고향에 가있다면 즐거울까? 고통일까? 그것은 하나의 허상이다. 사랑하는 가족들을 만날 수 있어서 기쁜 마음은 조건에 의한 것이다. 그렇다면 곧 명절 이후에 오는 헤어짐의 아쉬움을 경험하게 될 것이다. 그대의 의식이 지금 이 순간에 있다면 누구를 만나거나 헤어짐이라는 조건과 상관없이 언제나 기쁠 수 있음을 체험해 보길 바란다.

집

집의 공간이 아무리 크다고 해도 잠잘 때 그 공간을 다 사용하지 못한다. 그러하니 큰집을 갖기 위해 애쓰지 말고 그대 의식을 확장시켜야 한다. 의식이 자유로워진다면 우주를 지붕 삼아 어디에서든 내 집처럼 살 수 있기 때문이다. 조선 팔도가 내 집이라고 했던 각설이는 조건이나 환경에 영향을 받지 않고 어디에서나 자기 집처럼 자유로웠다(覺깨달을 각 說말씀 설). 자신을 위해 정말하고 싶은 것이 집을 갖는 것인지 아니면 다른 무엇이 있는지 명상해보길 바란다. 아는 지인 중에 굉장히 크고 값비싼 집에 살고 있으면서도 늘 불안하고 두려워하는 것을 본적이 있다. 왜일까? 몸집이 크다고 건강한 것이 아니듯 집이 크다고 잘사는 게 아니다. 작은 집 속에서도 의식이 큰 자가 진정 풍요로운 자이다.

음식물 쓰레기

어느 고상한 모임에 참석한 일이 있다. 뷔페의 테이블 가장자리를 미처
닦지 못한 상태였고, 마침 그 자리를 차지한 이는 정장을 말끔하게 차려
입은 남자였다. 그가 가장자리에서 음식물을 발견하고는 종업원을 불러
음식물 찌꺼기가 이곳에 있다는 것은 나의 오늘 하루를 망치는 일과 다름
없다고 했다. 도대체 어떻게 하면 음식물 찌꺼기가 그 남자의 오늘 하루를
망칠 수 있다는 말인가?
물론 오래된 음식물을 가까이 두고 있어보라. 심한 악취가 진동을 할
것이다. 그렇다면 그의 뱃 속에는 그보다 오래된 음식물이 굳어져 숙변이
되어 있을 텐데, 그는 지금까지 그것을 담고 살아온 모든 하루 하루가
다 망쳐진 날들이 분명 한 것이다. 숙변은 배출하면 그만일 테지만,
그 잘못된 정보의 관념은 그 테이블을 차지하고 앉은 많은 이들에게 썩은
정보의 악취를 풍기기에 충분했다. 음식물 쓰레기는 비워버리면 되지만,
그 남자의 머릿 속 정보의 쓰레기는 그가 변화되지 않는 한 어느 장소 어떤
사람을 만나도 악취가 될 것이다. 그렇지만 한번이라도 그와 같은 악취를
경험하고 비울 수 있다면, 오래되고 굳어진 삶이 달라질 것은 분명하다.
그대의 머릿 속에 수많은 부정적인 정보로 가득하다면, 주위 사람들은 매일
버릴 수도 치울 수도 없는 음식물 쓰레기의 악취 속에서 살고 있을 것이다.
단지 그대만 모르고 있는 것이다. 부모와 자식간에 상사와 부하직원
간에도 정보의 쓰레기는 반복되고 있을 것이다. 비우지 못한 과거의
쓰레기들까지도 들춰내는 그런 어리석음은 범하지 않길 바란다. 지금 이
순간 싱싱하고 유익하고 새로운 정보의 향기들을 섭취하고 나누길 바란다.

환자

깨어있지 않은 사람을 본적이 있다. 그는 육체적으로 너무나 건강하고 튼튼한 사람이었다. 어느 날 산에서 내려오다 발목을 다쳐 입원을 하였다. 발목만 다친 줄 알았더니 환자복을 입은 그는 머리에서 발끝까지 다 환자가 되어 있었다. 대화를 하는 언어 선택에서부터 얼굴 표정까지 환자이고 싶은 연기를 하고 있었다. 군대를 제대하고 예비군복만 입으면 멀쩡하던 사람도 갑자기 움직이기 싫어하며 늘어지고 건들대는 예비군처럼 사람들은 환자복을 입는 순간부터 환자의 기준에 맞추려고 애를 쓰는 것 같다. 스스로 환자가 되는 환자와 멀쩡한 사람을 환자복을 입었다는 이유로 환자로 대하는 의사와 둘 중 누가 더 환자로 보이는가? 환자의 기준은 어디까지인가? 세상에는 육체적으로 더 아파도 환자복을 입지 않은 건강한 환자도 있음을 알아야 한다. 그래서 환자의 기준이 애매하다는 사실을 알고 스스로가 환자가 아님을 알 때 다른 누군가도 환자로 대하지 않을 것이다.

차

카페에서 혼자 앉아 주위를 둘러보고 눈치 보며 불편해하는 사람을
본적이 있다. 약속한 이를 기다리고 찾는 듯 문 쪽을 바라보며 시간도
체크한다. 올 때가 되면 당연히 올 것이며 못 올 상황이면 당연히
못 올 것이다. 그렇지만 지금 가장 풍요로운 시간에 조급한 감정을
만들어내고 있는 것이다. 피곤하게 말을 시키는 사람도 없고 방해하는
사람도 없으니 지금이야말로 그대 자신과 만날 수 있는 가장 아름다운
시간이다. 누군가를 기다려 본적은 있지만 오랜 시간 동안 그대 자신을
기다리고 만나본 적이 있는가? 이제 그대 자신을 만나는 여행을
떠나보라.

따뜻하게 끓은 물이 찻잔에 담겨 김이 나고 있다. 김은 어디에서 나고
어디로 사라지고 있는가? 김을 따라 가다 보면 어느 순간 사라지고
없을 것이다. 이제 눈을 감고 차의 향기는 도대체 어디에서 시작되어
어디로 사라지는지 느껴보라. 그리고 지금 그대에게선 어떠한 향기가
나고 있는가? 그 향기의 시작은 어디이며 어떤 의식을 통해 흘러나오고
있는가?

운전

운전대를 잡으면 그 사람이 아닌 습관이 작동한다. 그대가 운전대를 잡고 하는 말들을 기록해보라. 그리고 행동을 지켜보라. 그대 스스로는 끼어들기를 당연한 것처럼 정당화하면서 왜 다른 차가 끼어드는 것은 용납할 수 없는가? 차가 끼어들면 괜히 속도를 내서 먼 거리를 좁히며 막기도 하는가? 그렇다면 그대 속에는 여유로움이 없고 조급함으로 가득할 것이다. 대자연이 제공한 그 만큼의 거리를 나누지 못했으니 그대의 삶은 가난할 뿐이다. 내 것이어야만 나눌 수 있는 것은 아니다. 나눌 수 있을 때 비로소 내 것이 된다. 교통체증 속에서도 빈 공간을 양보해보라. 앞 차의 뒷모습에서 깜빡깜빡 감사의 인사를 보내올 것이다. 혹시라도 인사가 없다고 투덜거리지 말라. 그럴만한 이유가 있을 것이다. 관심을 가지고 지켜보면 모든 차는 나름의 형태를 가지고 있으며 그 다양한 모습이 보이고 정겹기 시작하는 그날 그대의 운전은 삶을 새로운 여행으로 만들 것이다.

비교

주위를 둘러보라. 자신보다 못난 사람을 싫어하는가. 잘난 사람을
싫어하는가. 일을 못하는 사람을 싫어하는가. 일을 잘하는 사람을
싫어하는가. 일을 못하고 못난 사람 앞에서는 자신의 우월감이 생길
것이고 일을 잘하고 잘난 사람 앞에서는 부족함에서 나오는 피해의식이
생길 것이다. 그 어느 쪽도 그대에게는 도움이 되지 않을 것이다.
그저 지켜보라. 나보다 잘났다, 못하다 분별하고 비교하는 마음이 보일
것이다. 그러한 마음을 지켜보는 것이 존재이다. 더 이상의 비교와
분별로 에너지 낭비를 하지 말라. 스스로 좋아지고 나아질 수 있도록
그대에게만 집중하길 바란다.

컴퓨터

컴퓨터 화면을 바라보고 습관적으로 클릭하는 것이 아니라 지금 나에게
필요한 무엇 때문에 확신을 가지고 선택해서 클릭하며 이동해보라.
무의식적인 삶에서 의식적인 삶으로 변해갈 것이다. 그리고 불필요한
것은 삭제하고 휴지통을 비워라. 이처럼 지우고 버리고 필요한 것은
업그레이드 하듯 그대 속에 있는 불필요한 정보와 기억들은 삭제하고
버려라. 그러한 것들은 컴퓨터의 용량이 꽉 차면서 무거워지고 느려지듯
내면의 에너지도 이와 다르지 않다. 지난 기억들은 비워라. 그래야만이
현재를 가볍게 움직이고 자유로워 질 수 있다. 컴퓨터가 느리면 비우고
업그레이드 시키듯 자신을 업그레이드 하길 바란다. 혹시라도 컴퓨터
뒤에 숨어서 남을 비방하는 댓글을 달고 있다면 이제는 멈춰야 한다.
그렇지 않으면 그대는 더욱 황폐해 질것이고 반복할수록 내면의
성숙과는 점점 더 멀어지게 될 것이다.

2. 생활 속에서 하는 명상

지하철

지금 앉아있는 열차에 본질적인 그대가 있고 출발과 동시에 생각과 감정은 뒤로 떨어져 나간다고 상상해보라. 놀라운 경험을 하게 될 것이다. 순간적으로 눈 앞의 굵은 선이 뒤로 쭈욱 늘어나는 느낌이 들면서 생각과 감정이 분리되어 떨어져 나가는 것을 경험하게 될 것이다. 생각과 감정, 관념적인 것은 뒤로 떨어져 나가면서 사라지고 본질적인 그대는 그러한 현상을 지켜보게 될 것이다. 탈 때마다 반복적으로 연습해보라. 힘들었던 기억, 아픈 상처들이 떨어져 나가고 어느 날엔가 움직이지 않는 본질적인 중심만 남아있음을 경험하게 될 것이다.

속도

빠른 드라이브를 즐기는 사람들의 특징이 있다. 그 순간 생각이 텅 비워지고 마음이 사라지면서 편안함을 얻기 때문이다. 빠른 속도로 운전을 해보라. 그 순간에만 집중하게 될 것이다. 그때는 마음이 끼어들 수 없다. 마음이 과거나 미래에 가 있으면 운전에 집중할 수 없어 사고가 난다는 것을 알고 있다. 그래서 달리는 순간 운전에만 집중하게 되고 생각과 감정이 사라지면서 빠르게 달리는 속도에도 고요한 순간을 경험하게 되는 것이다. 빠른 속도에 중독되는 것은 평소에는 복잡한 마음을 멈출 수가 없기 때문에 속도를 내면서 마음이 사라질 수 밖에 없음을 체험하게 되는 것이다. 그 순간 만이라도 마음이 사라지고 명상을 경험하기 때문에 환희심을 느끼게 된다. 그렇다고 속도에 중독되어 달리다보면 저세상으로 빨리 갈 수 있으니 한강이나 공기 좋은 곳에서 속도를 내면서 달리기를 해보라. 생각이 사라질 것이다. 생각의 에너지가 몸을 움직이는데 사용되기 때문이다. 그래서 생각은 사라지고 명상이 된다.

화장실

내려놓지 않으면 고통이 시작될 것이다. 그대가 무엇인가를 잡고 있다면 변비가 찾아 올 것이다. 변비는 감정을 비우지 못함에서 오는 몸의 현상이다. 변기 위에 앉아서 괴로워할 것이 아니라 그대 감정을 체크해보라. 원인을 발견하게 된다면 결과도 알게 될 것이다. 그대 속에는 지금 사랑이 없다. 미움과 무기력, 두려움으로 가득할 것이다. 그대의 감정부터 내려놓아야 한다. 그렇다면 굿 변을 보게 될 것이다. 내려놓지 않겠다면 변비를 안고 살아야 할 것이다. 화장실은 명상의 공간이다. 들어가고 나올 때 전혀 다른 사람이 되는 것처럼 명상을 한다면 매 순간 화장실에서 나올 때처럼 비우는 삶이 될 것이다.
내려놓을 수 있어서 감사하고 가벼워짐에 감사하라. 그렇다면 그대의 의식 또한 가볍고 풍요로워 질 것이다.

샤워

그대는 샤워를 하면서 어디를 씻고 있는가? 그저 형식적으로
습관적으로 씻고 있는가? 아니면 자신의 피부를 느껴본 적이 있는가?
없다면 피부와 근육, 뼈와 관절, 머리카락 하나하나에서부터 솜털까지
다 느낄 수 있길 바란다. 관심을 가져라 그렇다면 그대의 감각은
깨어나게 될 것이다. 우리는 스스로의 몸을 안아주고 만져주다가도
누군가 보고 있는 것은 아닌가 의식하며 부끄러워 하고 있다.
어려서부터 배워온 잘못된 관념 때문이다. 몸에 관심을 주고 사랑을
나누다 보면 닫혀있던 감각이 깨어나고 깊어지면서 마음 속 생각과
감정까지도 느끼고 씻어낼 수 있을 것이다.

횡단보도

마음은 항상 빨리빨리 움직인다. 횡단보도를 건널 때 시간을 두고
잠시 기다려보라. 저 멀리에서 급하게 뛰어오는 사람들이 보일 것이다.
그들에게는 무슨 급한 일이 있을 것 같지만 횡단보도를 건너고 난
뒤에는 마치 아무 일도 없었던 것처럼 태연하게 수다 떨면서 걸어가는
모습을 쉽게 볼 수 있을 것이다. 그대에게도 이러한 목적 없이 바쁜
모습이 있다면 이제 삶을 어떻게 살아야 하는지 알 수 있을 것이다.

방콕

어딘가로 나가고 싶을 때 참고 멈춰보라. 그저 지금 있는 방안에서
나가지만 않으면 된다. 마음은 반복적으로 어딘가로 움직이고 싶어한다.
밖을 나가서 돌아다니다 보면 이제는 또 들어가고 싶어 하는 것이
마음의 성질임을 알고 나면 마음 다스리는 것이 가능해 질 것이다.
방안에서 조금이라도 앉아있는 것이 가능하다면 이제 복잡하게 떠도는
생각을 지켜보라. 생각은 그저 일어나는 생각일 뿐이지 그대 자신은
아니다. 의미 없이 습관적으로 움직여서는 안 된다. 마음대로 움직이고
있을 때는 '멈춰'라고 명령을 하라. 처음에는 '멈춰' 라는 느낌이 와
닿지 않을 수도 있다. 마음과 깨어있음의 차이를 못 느낄 수도 있지만
반복해서 연습하다 보면 알게 될 것이다. 나가야 할 때 나갈 수 있고
들어가야 할 때 들어갈 수 있는 것처럼 깨어있다면 습관적으로 움직이는
무의식이 아니라 의식적인 움직임이 된다.

작은 방

집 안 어딘가에 명상을 할 수 있는 공간을 만들어라. 큰 공간이 아니어도 상관 없다. 작은 방이라고 부족한 것이 아니라 오히려 명상을 하기엔 최적의 장소가 될 수 있다. 옛날 선인들이 토굴 속에서 바위 틈 속에서 명상을 했던 것은 오히려 에너지가 분산되지 않고 집중력이 좋아지기 때문이다. 많은 사람들이 있는 운동장보다도 작은 방안에서 그대 자신을 만나는 것이 더 아늑할 것이다. 가족 모두가 교대로 명상을 하는 것도 좋은 방법이다. 집안의 분위기도 달라 질 것이다. 그래서 작은 방을 누군가 사용하고 있다면 밖에서 소리지르지 말고 명상을 할 수 있도록 존중해주길 바란다.

네비게이션

마음의 소리를 들으면 수만 가지 생각과 길이 있지만 그대 내면으로
향하는 길은 오직 하나뿐이다. 통합검색으로 찍도록 해라. '영혼'이라고.
그리고 곧바로 '영혼'이 있음을 확신하고 길을 출발하는 것이다.
오프라 윈프리 토크쇼에서는 이미 오래 전에 소울 시리즈라는 주제로
진행되었다. 토크 쇼의 주제가 소울이었으며, 그것도 시리즈로 연결되고
있다는 사실을 알아야 한다. 그대는 어떤 대화를 주로 많이 나누고
있는가? 그대 내면의 검색 창에 무엇이라고 두드리고 있는가? 돈,
명예, 권력, 섹스, 자존심, 행복, 꿈, 희망……. 검색 되어 지고 있는
이 모든 것들은 영혼이라는 목적지에 다다르기 위한 하나의 과정
일뿐이다. 그대여 이제 영혼과의 대화를 시작하라. 쏠톡을 권한다.
그대의 네비게이션에 다시 한번 영혼이라는 목적지를 확인하라. 그리고
출발하라!

피곤할 때

신나는 음악을 틀고 춤을 춰라. 피곤한데 어떻게 추냐고? 피곤하다는 생각도 에너지가 있기 때문에 가능한 것이다. 말로 표현할 수 없을 만큼 피곤하다면 피곤하다는 말도 꺼낼 수 없다. 반복적으로 피곤하다고 생각하는 것도 습관이다. 그 생각의 에너지를 남김없이 털어버려라. 새로운 에너지로 가득 차는 것을 느낄 수 있을 것이다. 클럽 같은데 가지 말고 춤을 출 수 있는 공간을 찾아 소통이 되는 사람과 함께 추던지 아니면 혼자 추는 것도 괜찮다. 클럽에서는 술이나 마음에 드는 이성을 찾으려는 본능적인 마음 작용이 일어나기 때문에 내면으로 깊어질 수는 없다.

수면

잠들기 전에 근심과 걱정이 많으면 그 에너지는 잠을 자는 동안에도 흐름이 연결된다. 걱정이 해결 된 것을 상상하라. 그리고 잠을 청하면 깊은 숙면을 취할 수 있을 것이다. 잠들기 전 편안하게 명상을 하고 자는 것이 좋은 이유는 뇌파가 떨어져 충분히 이완된 상태에서 숙면을 취할 수 있기 때문이다. 뇌파가 떨어지지 않으면 생각이 살아있어서 깊은 숙면을 취할 수가 없다. 그래서 아침에 일어 났을 때 몸의 피로가 풀리지 않고 무거운 것이다. 분명한 것은 잠들기 전에 떠올랐던 생각이 아침에 눈을 뜰 때 연결되어 일어난다는 사실이다. 잠들기 전 내일 원수 같은 사람을 만나야 한다면 두려움으로 눈을 뜰 것이고 사랑하는 사람을 만나기로 되어 있다면 들뜬 마음으로 눈을 뜨는 이유를 알겠는가? 자는 동안에도 에너지는 연결되는 것이다. 두려움과 들떠있음으로 잠을 설치지 말고 잠들기 전에는 모든 것을 비우고 다음날을 맞이하는 것이 좋다. 그렇다면 때묻지 않은 투명한 의식으로 새로운 하루를 맞이하게 될 것이다.

기상

아침에 눈을 뜰 때 습관적으로 벌떡 일어나거나 일어나기 싫어 뒤척거리며 겨우 일어나는 시간에 잠시 틈을 내서 오늘 일어날 즐거운 일을 상상하고 기원하는 시간을 가져보길 바란다. 까먹고 여전히 습관적으로 일어날 수도 있겠지만 익숙해 질 때까지 눈을 떴을 때 바로 보이는 천장이나 벽에 '오늘 하루도 즐거운 일이 나를 기다리고 있을 것이다.' 라고 글을 써서 붙여놓길 바란다. 그 설레임으로 좋은 일들이 많이 일어날 것이다. 잠들기 전 수면 명상을 했다면 도움이 될 것이다.

이불

그대는 담요처럼 누군가를 차가운 냉기에서 등이 불편하지 않도록 감싸는 따뜻한 보금자리가 되어 본 적이 있는가? 그리고 이불처럼 가슴을 포근하게 감싸준 적이 있는가? 잠들기 전에 이불에 대한 감사한 마음을 가지고 잠을 청해보라. 이불의 촉감이 달라질 것이다. 유치하다고 생각하는가? 그대의 어린 시절의 순수했던 동심이 메말라 버린 것이다. 사물과 나무와 동물과 인사를 나누며 풍요로웠던 그때의 순수함이 사라진 것이며 그래도 이건 아니라고 생각이 드는 것은 그 동안 그렇게 해보지 않아서 그런 것이니 이제 오늘밤엔 한번 해보길 바란다.

정리하기

옷장 속의 명상을 해보도록 하자.
옷을 사고 일주일이 지나면 싫증을 느끼고 또 새 옷을 사고 싶어진다.
이 옷만 사면 다시는 사지 않겠다는 마음은 이미 사라진지 오래다.
옷장 문을 열어보라. 입을 옷이 없을 것 같은 옷이 빽빽하게 차 있고
철 지난 옷 중엔 내년에는 한 번쯤 입을 것 같은 옷이 한두 벌쯤은
있을 것이다. 그러나 이런 옷들은 생각과 달리 몇 년 동안 한 번도
입지 않는다는 사실을 알게 될 것이다. 머릿 속 생각, 마음 속 감정을
내려놓지 못하고 있는 것처럼.
이제 옷을 정리하면서 생각도 감정도 비워지는 것을 경험하게 될
것이다.
아깝다는 생각을 버려라. 오랫동안 곁에 두고 있던 물건이라 내 손을
떠날 땐 아쉽기도 할 테지만, 비우고 나면 오히려 부자가 된 듯 풍요로워
지는 것을 경험하게 될 것이다. 분리 수거함에 넣어두면 그 옷을
필요로 하는 다른 사람이 입게 되거나 재활용 될 것이다. 재활용되는
만큼 원자재인 자연의 피해도 줄어들 것이다. 비워진 옷장의 공간만큼
넉넉해질 것이며 통풍도 잘되고 보관하기에도 더 좋을 것이다. 그대가
입지 않는 옷이지만 다른 이의 몸과 마음을 풍요롭게 해 줄 것이다.
비워진 만큼 내면과 가까워지고 그대의 의식 또한 풍요로워지는 것이
명상이다.
단, 더 많이 사기 위해 옷장을 비우는 바보는 되지 않길 바란다.

교류

에고는 관계를 원하고 영혼은 교류를 한다. 높은 에고는 관계를 통해
만들어지고 영혼은 교류를 통해 깨어난다. 에고는 서로 다른 것을
바라보고 분별하지만 영혼은 서로 같은 것을 바라보며 교류한다. 지금
그대가 누군가와 부딪치고 있다면 에고의 에너지를 쓰고 있기 때문이며
부딪침으로부터 자유롭고 싶다면 영혼의 에너지로 교류하라.

관계 속에서

삶은 관계 속에서 성장한다. 부모와 자식 관계, 부부 관계, 연인 관계,
친구 관계, 이래 저래 아는 관계 속에서 오해하고 부딪치고 질투하고
시기하고 미워하고 사랑하는 과정 속에서 조금씩 관계를 통해 비우고
내려놓고 변화하고 성장해 가는 것이다. 부모든 친구든 연인이든
그저 있는 그대로의 사람으로 교류하고 존중하라. 서로 가질 게 많고
원하는 게 많다면 결국 멀어질 것이고 가질게 없고 원하는 게 없다면
영혼과 가까워 질 것이다. 혼자 산 속에 가있는 것은 관계에서 벗어나
있기 때문에 회피이고 무감각해질 뿐 깊어질 수는 없는 것이다. 단지
벗어나 있는 것이다. 그래서 삶이 곧 명상이라고 하는 것이다. 삶의
부딪침 속에서 불필요한 감정들을 비우고 내려놓는 진리를 알아차리기
때문이다.

처음처럼

많은 연애를 경험하고 이 사람이 마지막이며 나의 짝이라고 생각하고
결혼을 했어도 소통이 안 될 때가 있을 것이다. 그렇지만 화내고
속상해하지 말라. 이 또한 그대 자신을 알아가기 위한 과정이다.
그대가 그러하다면 상대방도 똑같이 느끼고 있을 것이다. 그렇다면
상대의 부족함을 탓 할 것이 아니라 자신에게 더 많은 관심을 가지고
바라본다면 비우고 내려놓아야 할 것이 보일 것이다. 미련을 두지 말고
그냥 내려놓아라. 그렇다면 관계가 만들어낸 마음의 벽을 허물고 다시금
새롭게 시작할 수 있을 것이다. 관계는 편하기도 하지만 함부로 대할
수도 있다. 이제 지나온 것들은 비우고 매 순간 처음 만나는 사람을
대하듯 존중하길 바란다.

내려놓아라

부모와 아이, 가족과 친구, 주위 사람들과의 관계 속에서 바라는 마음이 이루어지지 않을 때 고통이 일어난다. 부모가 아이를 내 마음대로 키우고자 하는 바람은 고통이 되는 것이다. 부모 입장에서 아이의 행동이 마음에 든다, 안 든다라는 판단을 가지고 힘들어 하는 것은 아이의 마음을 내 마음대로 하겠다는 이기심 때문이다. 서로를 가로막고 있는 마음과 마음 사이에 있는 벽이 사라지지 않는다면 그러한 부딪침은 반복적으로 일어날 것이다. 그 벽은 일방적인 힘이 아니라 존중에 의해서만 열리고 소통이 된다는 사실을 알아야 한다. 고통의 시작은 바라는 마음에서 일어나고 바라는 마음을 내려놓지 않는다면 고통은 반복 될 것이다. 내려 놓을 때까지.

내가 먼저

그대는 사람들과 어떤 의식을 나누고 있는가? 두려움인가, 슬픔인가 아니면 용서인가, 사랑인가. 그대가 주고 받는 모든 것이 삶의 명상이 된다. 상처를 주고 또 상처를 받으며 그대가 줄 때는 모르겠지만 받을 때는 괴롭고 힘들 것이다. 그것을 깨달았다면 이제부터라도 변화되어야 한다. 상대가 변화되어 다가오는 것은 쉽지도 않을뿐더러 오랜 시간이 걸릴 수 있다. 그대가 먼저 긍정의 에너지를 사용하라! 그대가 먼저 시작한다면 바로 지금 이 순간부터도 변화는 가능하다.

적당한 거리

지나치게 친해지면 서운한 감정이 일어난다. 서운함이 반복되다 보면 미움이 생기고 미움은 분노를 낳고 분노의 결과는 원수가 된다. 부모와 자식간에도 너무나 집착하는 친해짐이 생기다 보니 서운함과 바람은 고통이 되고 원수 같은 자식이라는 말이 나오는 것이다. 삶의 적당한 거리는 자신에게도 주위 사람들에게도 소중함을 알려주는 계기가 될 것이다.

낯설게 바라보라

사람을 바라볼 때 비교하거나 분별하는 생각이 일어날 것이다. 이제 가족들을 만날 때도 처음 만나는 사람처럼 바라보라. 간밤에 싸우고 부딪침이 있었더라도 상관없다. 부부, 부모와 자식 관계에서도 처음 만나는 낯선 사람처럼 대한다면 문제가 쉽게 풀어질 것이다. 물론 우리는 처음 만나는 사람에게도 관념적인 잣대를 들이댄다. 옷차림, 생김새 만으로도 분별하고 있다. 그러한 관념을 걷어냈을 때 인간 본연의 모습이 보일 것이다. 부모들도 자식이 소유가 아닌 한 영혼으로서 존중해야 할 것이며, 자식도 부모는 이러이러해야 한다는 관념에서 벗어나 한 영혼으로서 존중해야 한다. 물론 자식이 관념화되기까지는 일차적으로 그렇게 되도록 만든 부모의 책임이 있지만 지금 이순간부터는 오랜 기억 속의 부모가 아닌 지금 이 순간에 만난 낯선 사람으로 느끼고 교류하길 바란다. 분명 새롭고 신비한 체험을 하게 될 것이다.

존중하라

남자 A와 B가 여자 C를 두고 서로 내 여자라면서 싸우고 있다. 소유할 수 없는 것을 소유하려는 그러한 사랑은 힘들 수 밖에 없다. 그와 같은 모습을 지켜보던 여자 C가 바보 같은 두 남자에게 말을 했다. "나는 존재 그 자체로의 나일 뿐 두 사람 중 그 누구의 소유물도 아니다." 이와 달리 여자 A와 B가 남자 C를 두고 바보 같은 사랑을 할 수도 있다. 그대는 누군가를 내 여자 내 남자로 만들고 싶어 하는가? 있는 그대로 존중하고 있는가? 그대가 그대 안에서 사랑을 발견하지 않고 밖의 소유물에서 찾는다면 자유가 없는 사랑으로 고통을 겪게 될 것이다.

모든 것을

그럴 수 있다라고 받아들여라!

이별

많이 다투거나 부딪치는 부부 혹은 연인들이 하면 효과적이다. 가끔씩 이별하고 헤어진 것처럼, 하루든 일주일이든 떨어져서 지내보라. 상대의 가치를 객관적으로 알 수 있게 될 것이다. 처음에는 상대의 좋은 점, 긍정적인 점만을 보며 사귀고 혹은 결혼했는지도 모른다. 시간이 흐르다 보면 연애 생활 때 누르고 있던 마음이 이제는 눈치보지 않고, 자신의 관념대로 드러내기 시작한다. 그래서 착한 사람, 좋은 사람은 사실 가면일 뿐이다. 표현하지 못하고 억누르고 있는 것이다. 부모들이 말 잘 듣는 아이를 착하다고 하는 것은 사실 힘들이지 않고 길들이려는 엄청 이기적이고 위험한 발상이 숨어있다. 결국 그 아이는 도전하지도 변화도 없는 그저 시키는 대로만 자라 나이만 먹는 아이가 될 것이다. 연애 때는 억누르며 참으며 착한 연인이 되기 위해 애썼다면, 결혼 후에는 이제 내 소유이니 내 마음대로 하려는 집착과 간섭이 터져 나올 것이다. 그러니 언제든 이별할 수 있는 사람처럼 대하길 바란다. 이별할 사람처럼 마지막인 것처럼 대한다면 쉽게 대할 것 같은가? 소중하게 대할 것 같은가? 그대의 관념화된 마음의 소리가 드러날 것이다. 지켜보라.

착각

빠른 속도로 운전을 하고 도착한 운전자가 "나 180km로 왔다"고
친구에게 말하자.
"야 너 왜 이렇게 빨리 왔어" 라고 친구가 대답한다.
사실은 차가 빨리 온 것이고 차의 성능이 좋은 것을 차와 나를 동일시
하고 있는 것이다.

내 마음

마음이 나라고 동일시 하지 말라. 내 마음에 든다 안 든다는 말은
관념적인 말이다. 자신의 마음을 만들어 온 지금까지 주워들은 정보에
의해 들고, 안 들고를 판단하는 것이지 내가 판단하는 것은 아니다.
같은 사람을 보고도 서로 입장이 다른 것은 마음 때문이다. 다른 것은
마음이고 같은 것은 존재이다. 명상을 통해 내부의식으로 깊어지면
외부에서 일어나는 마음의 소리는 들리지 않는다.

풍요

소중한 물건을 잃어버리고 힘들어 하는 사람을 바라본적 있다.
잃어버린 물건이 아깝고 안타까운 것 이상으로 잃어버린 물건 때문에 더
가난해지는 그 마음이 문제이다. 마음은 있던게 사라지면 가난해진다.
그렇지만 '마음이 가난한 자에게 복이 있다' 라는 말은 복잡했던 감정과
에고적인 관념들이 사라지고 비어있음의 풍요로움을 말하는 것이다.

기억 속에 산다

오래 전 자기 집을 팔고도 그 집 앞을 지날 때면 내 집이었다라고 말하는
사람을 보았다. 그는 지금을 살고 있지 않고 과거의 기억된 정보로
현실을 보고 있는 것이다. 어떤 사람에게 당신 누구냐고 묻자 오래
전에 굉장히 유명한 사람이었다고 한다면 옛날이 아닌 지금의 그대는
누구인가? 과거가 아닌 지금의 그대가 풍요로울 수 있도록 명상을 하라.

뛰어라

비교와 분별이라는 생각이 일어나면 한강을 뛰어라. 아무 길이나 상관없으니 땀을 흘려라. 땀으로 생각이 빠져나갈 때까지 뛰어라. 가만히 앉아서 생각을 멈추는 것은 불가능하다. 행동을 하면 비교와 분별은 사라진다.

똥개가 짖어도 기차는 달린다

비전을 가진 자는 옆에서 누군가 시비를 걸어도 상관하지 않고 묵묵히 자신의 길을 갈 뿐이다. 그대가 다른 사람과 많이 부딪치면서 힘들어하고 있다면 아직 죽어도 좋을 만큼의 비전이 생기지 않아서 시간을 제대로 잘 사용하지 못하고 있기 때문이다. 주위에 수많은 똥개들이 나를 향해 말 같지 않은 말을 하더라도 그저 무시하고 그대의 길을 가길 바란다. 이제 기차가 되어 달려보라. 똥개의 짖는 소리들이 힘을 낼 수 있는 함성 소리로 들릴 것이다. 멈추지 말고 쭈욱 달려라. 멈추고 휴식하고 싶을 땐 주위와 상관없이 그대 스스로 멈출 수 있는 자유로운 의식이 되어 있을 것이다. 주위의 똥개를 다 처리하고는 달릴 수 없다. 그저 앞으로 나아가라. 생각보다는 행동이 의미 있음을 알게 될 것이다.

땀을 흘려라

일하는 모든 것이 명상이다. 집중하고 땀 흘려보라. 그 옛날 스승들이 제자들에게 처음 알려준 것이 에너지 명상이다. 나무를 3년하고, 청소를 3년하고, 밥을 3년하고 난 이후 10년째 되는 해에 화두를 던져 주었던 것은 지나 온 기억들과 비교, 분별의 생각들을 땀 흘리면서 비우게 했던 것이다. 감정적으로 힘들어 하고 짜증을 내면서 나무를 하다 보면 손을 다칠 수도 있을 것이다. 정신을 차리고 깨어있어야 함을 스스로 깨닫게 된다. 정신을 차리고 땀 흘리며 하다 보면 문득 즐거움이 내 안에서 나오는 것을 경험하게 될 것이다. 지금 그대가 하는 일이 즐겁지 않다면 정신을 차리지 않고 집중하지 않아서이지 주위의 환경 때문이 아니다. 10% 에너지를 썼을 때 10%의 즐거움이 생길 것이며 100% 집중해서 쓸 때 100% 즐거움이 생길 것이다.

의식과 에너지

똑같은 교본을 가지고도 누가 지도하느냐에 따라 사람들이 받아들이는 것은 다를 수 밖에 없다. 그 사람의 의식에서 나오는 에너지 파장에 따라 전달이 달라지기 때문이다. 무엇보다 지도하는 자를 탓하는 것이 아니라 받는 사람이 어떠한 의식으로 집중하느냐에 따라 깨달음도 현격히 달라진다. 간절한 의식이라면 길가의 돌멩이를 보고도 깨달을 수 있기 때문이다.

동요하지 말라

사랑을 언어로서는 쉽게 말할 수 있지만 행동으로 움직일 수 있는 의식적인 그 간격을 극복하는 차이는 셀 수도 없는 생을 반복해서 태어나야 할 지도 모른다. 미워하지도 분노하지도 마라. 그 감정을 만들어 내는 것도 에너지 낭비이다. 그저 고요히 지켜보라. 미움과 분노 속에 사랑이 있음을 알게 될 것이다.

입장차이

겨울에 스키장에서 일하던 사람이 여름휴가를 얻어 해수욕장을 찾는 것과 겨울이 되어 해수욕장에서 일하던 사람이 스키장을 찾아 휴식을 즐기는 것은 서로의 입장에서는 잘못된 것이 없다. 단지 관점의 차이가 있을 뿐이다. 회사원들이 일과가 끝난 뒤 술을 즐기는 것은 스트레스를 풀기 위함이고 그 술집에서 일하는 사람들은 일과의 시작이다. 무엇이 일이고 무엇이 휴식인가? 관점에 따라 삶의 모든 것은 변한다. 그대가 지금 일이 많아 힘들다면 관점을 달리해서 바라보라. 3년 동안 일을 찾지 못해 힘든 백수의 생활을 알고 난다면 일이 즐거워 질것이다. 이해할 수 없다면 사고가 굳어 있는 것이니 그대만의 관념을 비워라. 관점이 달라지면 삶은 새롭고 즐거워 질 것이다.

여자

주로 남자들이 많이 하는 명상이다. 이쁘다, 갖고 싶다, 하고 싶다를 경험하고 나면, 또다시 새로운 여자를 꿈꾸고 그리워하다 저 여자다 싶어 갖고 싶다, 하고 싶다를 반복하고 나면, 이젠 떠나고 싶다, 보기 싫다, 짜증이 쌓이는 것을 경험한다. 어느 날엔가 이렇게 판단하는 나는 누구이며 진짜 나는 누구인가를 그리워하게 되는 날이 오면서 마음처럼 쉽게 변하는 것은 내가 아니라는 것을 어렴풋이 알게 된다. 그러다가도 여자들을 보면 예쁘다, 안 예쁘다, 이래서 좋고, 저래서 싫다라는 비교와 분별이 일어나는 것을 또다시 알게 되고, 상대방의 이러이러한 점이 내 마음에 들지 않는 것이 아니라 단지 나의 기억 속에 저장된 관념이 문제인 것을 알게 된다. 그 여자가 예쁘고, 못난 것이 아니라 바라보는 내 관점이 문제라는 것을 알게 된다. 그리고 여자는 이러이러해야 돼 라는 관념을 지우고 바라보면 그냥 있는 그대로의 사람으로 보게 된다. 가끔 남자가 남자를 좋아하는 경우도 있지만 이 또한 영혼의 입장에서는 잘못된 것이 아니라 육체를 통해 결국은 영혼을 알아가는 과정일 뿐이다. 이제 좀 더 깊이 관찰해보고 느껴보라. 여자의 피부를 바라보고, 피부 속의 근육을 상상해보고, 뼈를 상상해보고, 장기까지 느껴보라. 여자는 사라지고 마지막 비어있는 그 공간에서 영혼을 만나게 될 것이다.

남자

주로 여자들이 많이 하는 명상이다. 잘 생겼다, 갖고 싶다, 하고
싶다를 경험하고 나면, 또다시 새로운 남자를 꿈꾸고 그리워하다 저
남자다 싶어 갖고 싶다, 하고 싶다를 반복하고 나면, 이젠 떠나고
싶다, 보기 싫다, 짜증이 쌓이는 것을 경험한다. 어느 날엔가 이렇게
판단하는 나는 누구이며 진짜 나는 누구인가를 그리워하게 되면서
마음처럼 쉽게 변하는 것은 내가 아니라는 것을 어렴풋이 알게 된다.
그러다가도 남자들을 보면 잘 생겼다, 별로다, 이래서 좋고 저래서
싫다라는 비교와 분별이 일어나는 것을 또 다시 알게 되고, 상대방의
이러이러한 점이 내 마음에 들지 않는 것이 아니라 단지 나의 기억 속에
저장된 관념이 문제인 것을 알게 된다. 그 남자가 잘 생기고, 못난 것이
아니라 바라보는 내 관점이 문제라는 것을 알게 된다. 그리고 남자는
이러이러해야 돼 라는 관념을 지우고 바라보면 그냥 있는 그대로의
사람으로 보게 된다. 가끔 여자가 여자를 좋아하는 경우도 있지만 이
또한 영혼의 입장에서는 잘못된 것이 아니라 육체를 통해 결국은 영혼을
알아가는 과정일 뿐이다. 이제 좀 더 깊이 관찰해보고 느껴보라. 남자의
피부를 바라보고, 피부 속의 근육을 상상해보고, 뼈를 상상해보고,
장기까지 느껴보라. 남자는 사라지고 마지막 비어있는 그 공간에서
영혼을 만나게 될 것이다.

3. 자연과 하나되는 명상

꽃잎

산, 바다, 강, 숲이 있는 자연에 몸을 맡기고 앉아 양손은 가볍게 주먹을 쥐고 무릎 위에 올려 놓는다. 이제부터 겨울 동안 차가운 땅 속에 뿌리내리고 있으면서 봄날을 기다리는 간절함으로 몸과 팔은 꽃의 줄기가 되고, 양 손은 꽃 봉오리가 된다. 양 손의 주먹이 조금씩 아주 조금씩 들어올려지고 펼쳐지면서 봉오리에서 꽃잎이 되어가고 있다고 상상을 하라. 꽃 잎이 되기까지는 자연의 도움이 필요하듯 태양이 뜨면 태양빛을 받으며, 비가 오면 비를, 바람이 불면 바람을 맞으며 별빛과 달빛을 받으며, 온 몸으로 느껴야 한다. 나, 내가, 사람이라는 관념이 사라지고 30분이든 1시간이든 시간을 잊고 줄기가 되고, 꽃잎 그 자체가 되어야 한다. 그래서 양 손이 가슴 높이까지 올라 올 때쯤이면 양손을 벌리고 손바닥이 꽃 잎이 되어 완전히 펼쳐지게 될 것이다. 아침에 피지 않았던 꽃잎이 저녁에 활짝 피어있는 생명의 놀라운 신비를 발견하듯 그러한 느낌의 시간이 그대 안에서 일어날 것이다.

나무

높은 산을 다 오르지 않아도 된다. 앞서가는 사람들을 다 따라잡으려고 경쟁하지 않아도 되고, 내 몸 상태가 완전 엉망이네 어쩌네 불평 불만하지 않아도 된다.
중간쯤 오르다 나무에 등을 기댄 채 편안하게 앉아 눈을 감고 호흡해 보라. 나무의 뿌리에서 줄기를 타고 물이 올라갈 때, 사람의 신장에서도 수 기운이 머리로 올라갈 것이다.
머리가 맑아지면서 마음이 편안하게 이완된다. 눈을 감은 얼굴 앞이 따뜻해지면서 밝아오는 게 느껴진다면 그대의 몸 1미터 주위와 나무를 감싸고 있는 오라를 느끼고 있는 것이다. 그대는 두 에너지가 합쳐지고 교류되면서 따뜻한 치유를 경험하고 있다.
나무가 이산화탄소를 빨아들이고 산소를 보내준다.
질병의 에너지를 빨아들이고 치유의 에너지를 보내준다.
부정적인 에너지를 빨아들이고 건강한 에너지를 보내준다.
점점 더 몸이 맑고 가벼워지면서 호흡이 편안해질 것이다.
빠르게 산 정상을 오르고 내려와서 여러 가지 음식과 술을 먹는 것보다 훨씬 맑고 풍요로운 에너지를 경험하게 될 것이다.

바위

나는 사람이라서 바위가 될 수 없다는 거부감을 버려라. 그대는 사람도 아니다. 단지 사람이라는 것은 언어로서의 표현일 뿐이다. 그대는 그 어떤 이름도 없는 존재 그 자체일 뿐이다. 그대는 바위가 될 수 있다. 명상은 그대가 바위가 되도록 도와 줄 것이다. 스스로 바위라고 확신하라. 움직임이 있어서도 안되고 생각이나 감정이 일어나면 아직 바위가 아니다. 바위가 되어야 한다. 바위는 어제도 없고 내일도 없다. 먼지가 쌓이고 쌓여 바위가 되고 깎이고 날리면서 먼지가 된다. 바위가 먼지가 되고 먼지는 바위가 된다. 그대가 완전한 바위가 될 때 존재를 경험하면서 그 자체만 남게 될 것이다.

별빛

밤 하늘의 별빛을 바라보고 느낌이 가는 별 하나를 골라 머리 위에 걸어놓는다. 눈을 감고 별빛이 일직선으로 내려오는 것을 상상해보라. 집중된 에너지의 흐름을 따라 머리 속으로 맑고 시원한 별빛이 들어오는 것이 느껴질 것이다. 그 빛이 채워지면서 머리 속은 텅 비게 될 것이고 이제 머리에서 목을 지나 아래로 내려가는 상상을 해보라. 가슴으로 아랫배까지 연결할 수 있을 것이다. 그리고 온 몸이 청명하게 맑아지는 경험을 하게 될 것이다. 공기가 맑은 조용한 밤시간이나 새벽 시간에 한다면 효과적이다.

바람

천천히 양손을 무릎 위에 올려놓고 호흡해보라. 피부에 닿는 바람을 느껴보라. 바람이 점점 더 피부를 파고들며 몸 속까지 스며 들어오는 것을 느껴보라. 몸이 텅 비어지고 모래가 바람에 날리듯 몸은 조금씩 사라지게 될 것이다. 시간이 흐를수록 몸은 사라지고 바람만 남게 될 것이다. 이후 평화로운 의식만 남아 우주와 교감하게 된다.

눈

맨발로 눈 위에 서 있어 본적이 있는가? 발바닥을 수없이 많은 바늘로 찌르는 듯한 느낌이 들 것이다. 그만하고 싶고 뛰쳐나가고 싶어도 참고 기다려라. 차갑고 마비되는 듯 하지만 시간이 흐를수록 발바닥 주변이 따뜻해지면서 편안해 질것이다. 발바닥을 보호하기 위해 몸 안에서 에너지가 이동하다 보면 생각이 비워지고 머리가 맑아지면서 몸은 날아갈 듯 가볍고 따뜻해지며 자유로워 진다.

태양

태양을 바라보며 눈을 감는다. 그리고 양 눈썹 사이에 태양을 담아보라. 태양 빛이 인당 혈을 뚫고 머리 속으로 들어오는 것을 느낄 수 있을 것이다. 태양 빛이 머리에서부터 몸 전체로 퍼져나갈 것이다. 어둡고 무거운 에너지는 사라지고 빛이 지나가는 자리는 밝고 편안해질 것이다. 내 몸 가득 태양 빛으로 채워지고 몸 전체가 태양이 되고 태양이 몸이 된다. 명상이 깊어지면 인당으로 몸 주위의 오라를 느낄 수 있다.

하늘

텅 빈 하늘을 여러 가지 형체를 띈 구름이 지나간다. 뭉게 구름, 새털 구름, 안개 구름, 양떼 구름, 조개 구름, 흰색 구름, 암흑색 구름들이 지나가고 나면 하늘은 그대로이다. 인간의 내면은 하늘과 같다. 그 위를 외로움 슬픔 두려움이라는 감정이 덮고 있지만 고요히 지켜보고 있으면 감정이 흘러서 지나가는 것이 보일 것이다. 기다리며 그저 지켜보라. 세월이 약이라는 말도 이와 다르지 않다. 하늘에 구름이 가려져 있다고 해서 하늘이 사라지거나 없어진 게 아니다. 언제나 그 자체로 원래부터 있어왔던 것이다. 그렇다면 구름이 나타나고 사라지는 것에 더 이상 영향을 받을 필요가 없다. 하늘은 본질적인 것이며 감정은 스쳐 지나가는 구름일 뿐이다. 그대가 감정적으로 힘들다면 아직 하늘을 알지 못했고 느끼지도 못했기 때문이다.

폭포

폭포가 바라보이는 곳에 편안하게 앉는다. 호흡을 편안하게 고르며 폭포 소리를 들어라. 소리에 집중하다 보면 조용히 폭포 속으로 빠져들어 가는 느낌이 든다. 이제 폭포 아래 앉아 있는 상상을 해보자. 머리 위에서는 물이 쏟아져 내리고, 몸은 시원하게 정화되고 마음도 씻겨 나가면서 비워질 것이다. 어느 순간 몸은 사라지고, 떨어지는 물과 소리만 남게 될 것이다. 그대는 이제 폭포이다.

비

창 밖에 내리는 빗소리를 들어보라. 그리고 내 머리 위에서부터 온몸으로 비가 내리고 있다고 상상해보라. 청명한 비가 몸을 씻어줄 것이다. 그릇에 묻은 때를 씻어내듯, 그대의 오래된 기억과 아픔도 씻어 줄 것이다. 사랑하는 사람의 목소리를 들으면 기분이 좋아지는가? 그렇다면 모든 소리에는 파장이 있음을 알게 될 것이며, 자연의 소리는 치유와 정화의 에너지가 있음을 경험하게 될 것이다.

맨발

신발과 양말을 벗고 발바닥으로 흙의 감촉을 느끼는 순간, 자연과의 사랑으로 설레이기 시작할 것이다. 그동안 발바닥은 손보다 멀리 떨어져 있다 보니 관심을 덜 받으면서도 묵묵히 자신의 일을 해왔는지 모른다. 이제 무심코 걷는 걸음이 아니라 발바닥에 고마움을 가지고 관심을 주어야 한다. 돌부리에 걸리지 않도록 안내하며 걸음을 옮겨라. 그리고 내면에 집중하면서 걸음을 옮기다 보면 나무 그늘이 드리워진 곳에서는 시원함을 햇살을 받고 있는 곳에서는 따스함이 발바닥으로 전해지는 것을 느끼게 될 것이다. 이제 자연과 한결 가까워 진 것이며 서서히 발바닥에서부터 온몸으로 퍼져나가는 말로 표현할 수 없는 힐링을 경험하게 된다.

물

맨발 명상 다음으로 물명상을 하게 되면 발바닥의 열린 감각을 통해 몸 속의 정체된 에너지가 빠져나가는 신비한 체험을 하게 될 것이다. 발목이나 종아리 정도까지만 물 속에 담근 뒤 편안한 바위에 앉거나 서있는 상태로 눈을 감고 명상을 하면 된다. 흘러가는 물의 에너지로 인해 몸 속의 에너지도 따라 흐르게 된다. 차가운 물 속에서는 발을 보호하기 위해 자연치유력이 움직인다. 힘들어도 처음 5분 정도만 잘 견디고 나면 점차적으로 발바닥에서부터 몸 전체가 따뜻해지고 가벼워지는 것을 느끼게 될 것이다.

걷는

물 명상이 끝나고 신발을 신고 걷게 되면 발바닥 주위로 박하향이 퍼진다. 수련 받은 회원 중에는 맨발에서 벤츠를 탄 기분이라고 했다. 조급하게 움직였던 일상의 빨리 빨리를 내려놓고 걷는 것에만 집중해보라. 걷는 동안에도 마음이 살아있다면 다리는 걷고 있겠지만 마음은 집이나 사무실에 가 있을 수도 있다. 그래서 마음에 끌려 다닐 때 정신 차리라고 하는 것이다. 생각이 복잡해지면 그 순간에 걷고 있는 것을 느끼지 못할 수도 있다. 그냥 걸어보라. 풀리지 않는 생각과 감정을 가지고 시작하든 그냥 시작하든 상관이 없다. 오직 걷는 것에만 집중하라. 무의식적으로 습관적으로 걷는 것에서 뚜렷하게 의식적으로 걷는 것을 말한다. 발바닥의 느낌에 집중하다 보면 의식이 깨어나는 것을 발견하게 될 것이다.

해변

신발을 벗고 모래사장 위에 의자를 놓고 눈을 감고 앉는다. 파도가 밀려왔다, 밀려가는 것을 맨발로 느껴 보라. 파도와 모래의 느낌이 발바닥과 발가락 사이사이로 시원하게 전해질 것이다. 집중하다 보면 감각이 조금씩 깨어나는 것을 느끼게 된다. 그리고 바람이 몸을 마사지하듯 지나가는 것을 느껴보라. 몸은 이완이 되고 뇌파가 떨어지면서 편안하게 가수면 상태가 될 것이다. 그렇게 바람과 사랑을 나누다 보면 몸은 사라지고 의식은 깨어난다.

파도

조용하거나 어둠이 내린 바닷가에 앉아 파도가 밀려왔다 밀려가는 것을 느껴보라. 그리고 마음 속 감정도 함께 밀려왔다 밀려가는 것을 상상해보라. 우리의 마음은 파도처럼 왔다 갔다 움직이지만 바닷속 깊은 곳은 그저 잔잔할 뿐이다. 이와 같은 사실을 이해하게 된다면 깊은 바닷속은 존재이고 감정은 파도와 같은 것임을 알게 될 것이다. 그렇다면 이제 지켜보기만 하면 된다. 깊은 바닷속은 파도에 영향을 받지 않는다. 마찬가지로 그대라는 존재는 생각과 감정에 영향을 받지 않는다. 단지 지금까지는 영향을 받는 것처럼 착각을 했을 뿐이다. 파도 소리를 들어보라. 소리에 집중하다 보면 점점 더 소리가 내면 깊숙이 스며드는 게 느껴질 것이다. 점점 더 깊어질수록 몸은 사라지고 소리만 남게 될 것이다.

아일랜드

익숙하던 육지를 벗어나 분리된 공간에서는 명상을 하기에 좋은 환경이 된다. 생각과 감정의 분리가 잘 되지 않는 경우에 환경적인 변화는 깨어있음과 집중력이 좋아진다. 분리된 듯한 고독함으로 인해 오히려 그대 내면과 가까워지는 계기가 되고 육지와 섬 사이를 흐르는 바다의 느낌처럼 육체와 영혼 사이를 연결하는 에너지의 느낌을 알아차리게 된다. 섬은 단지 떨어져 있었던 것이지 없었던 것은 아니다. 그렇지만 그대의 영혼은 섬처럼 떨어져 있었던 것이 아니다. 그 동안 마음이 주인이 되어 보이지도 찾지도 느끼지도 않았을 뿐 영혼이 존재한다는 사실을 몰랐을 뿐이다. 아일랜드 명상을 통해 영혼을 발견하게 될 것이다. 아직 발견하지 못했다면 그대의 에너지가 밖으로만 흐르고 내면으로 흐르고 있지 않기 때문이다. 그 느낌을 이해할 수 없다면 명상이 필요하다. 그리고 이제 일상 생활을 섬처럼 떨어져서 육체에서 일어나는 생각과 감정 그리고 행동을 지켜보길 바란다.

4. 영혼을 깨우는 명상

요람

허리를 바르게 세우고 앉아 요람을 타듯 척추를 좌우로 왔다 갔다
반복하다 보면 뇌파가 떨어지면서 이완된다. 아기를 그냥 눕혀두면
칭얼대며 잠들지 못하지만 요람을 태워주면 쉽게 잠드는 이유가 좌우로
움직여주는 동작으로 인해 이완되고 편안함을 느끼기 때문이다.
그 옛날 서당의 훈장이 몸을 좌우로 왔다 갔다 하면서 공부를 가르쳤던
것은 생각을 비우고 이완된 집중 속에서 알려주고자 함이었을 것이다.
이와 같이 단순하면서도 반복적인 움직임으로 인해 생각은 줄어들고
비워지면서 가수면상태를 지나 편안한 명상을 체험하게 된다.

춤

박자에 맞춰 반복적으로 추는 춤은 기계적일 뿐이다. 춤을 추는
동안에도 머리는 쉴새 없이 움직이고 있다. 한 박자라도 틀리지
않으려고 머리는 긴장되어 있고 몸은 자유롭지 못하다. 만드는 춤은
안무이고, 춤은 모든 것에서 자유롭게 벗어나 날아가는 움직임이다.
이제 가사가 없는 단순한 리듬의 음악을 틀고 편안하게 앉거나 서서
입은 약간 벌린 상태에서 시작해 보라. 편안하게 원을 그리듯 목을
앞뒤 좌우로 가볍게 풀어준다. 골반을 기준으로 척추를 좌에서 우로

돌려준다. 그리고 반대로도 돌려주면서 유연하게 풀어준다. 몸이 충분히 풀어지면 양손을 무릎에서 들고 힘을 뺀다. 조금씩 빠른 음악에 맞춰 몸을 앞뒤 좌우로 움직인다. 그리고 조금씩 더 빠르고 강한 음악에 맞춰 몸을 자유롭게 움직인다. 이제 빠른 음악의 박자보다도 더 빠르게 몸을 움직이도록 하라. 골반이 좌우로 움직이면서 온 몸의 관절이 다 자유자재로 움직일 것이다.

자율적인 감각이 충분히 깨어나면 음악과 상관없이 그저 움직일 수 있도록 몸에 충분한 자유를 주라. 지속하는 시간은 몸과 수련의 상태에 따라 조절하는 것이 좋다. 깊어지면 음악보다도 몸이 먼저 움직이는 것을 느끼게 될 것이다. 이후부터 음악과 상관없이 몸이 알아서 저절로 움직이게 될 것이다. 본능적으로 불편한 부위를 반복적으로 움직이면서 감각을 깨우기도 할 것이다. 이때 잠재되어 있던 자연치유력이 깨어나면서 몸은 건강해진다. 쌓여있던 감정이 사라지면서 마음도 가벼워진다. 편안한 음악에 맞춰 몸의 움직임을 천천히 멈추고 호흡을 깊게 들이마시고 내쉬면서 편안하게 조절한다. 온몸을 감싸고 있는 에너지를 느껴보라. 춤을 추는 동안 자기 자신조차 잊을 만큼 이완되고 비워지면서 나를 잊고 내가 사라지고 춤만 있을 때 그때 비로소 우주에너지를 타고 자유로운 창조가 일어난다.

컨트롤

경쾌한 음악을 틀고 몸을 움직이면서 조금씩 이완하라. 그리고 몸이 움직이는 것을 방관하지 말고 명령을 해보라. 좀 더 빠르게, 느리게, 빠르게, 멈춰 등 명령을 할 때마다 몸 뒤에서 바라보고 있는 듯한 느낌이 들기도 하고 멈췄을 때, 몸 안에 에너지로 만들어진 기둥처럼 중심이 느껴지기도 한다. 바라보거나 중심의 느낌이 존재이다. 계속 반복해서 명령을 해보라. 멈춰, 움직여, 부드럽게, 빠르게. 어느 순간 몸이 자신의 명령대로 움직이는 것이 느껴질 것이다. 이제 부드럽고 편안한 음악을 틀고 나는 지금 편안하고 자유롭다, 가볍다, 평화롭다고 말을 해보라. 원하는 대로 되어 질 것이다. 눈에 보이는 몸을 컨트롤 하면서 보이지 않는 생각과 감정도 컨트롤 할 수 있는 법을 터득하게 될 것이다.

허공

초점 없이 그저 허공을 멍하게 쳐다보라. 바람이 지나가고 있다. 이름 모를 새가 나타났다 사라질 것이다. 새는 이미 지나갔고 남아있지 않는 것처럼 그대의 생각도 새처럼 사라지는 것이니 지난 생각들을 붙잡고 있지 않길 바란다. 이젠 놓아야 할 때이고 그대가 결정을 내렸다면 조금씩 사라지게 될 것이다. 볼 수는 없지만 여전히 허공 속을 바람이 지나가고 있을 것이다. 생각도 바라 볼 수는 없지만 느낌으로는 알 수 있다. 기억 속에 정체되어 있던 생각이 지나가도록 놓아주길 바란다. 그렇다면 흘러가는 생각을 바라보는 자만 남게 될 것이다. 그 바라보는 자가 그대이다.

소울

자리에 편안하게 앉은 다음 숨쉬고 있는 것을 느껴보라. 그대 주위로
공기가 가득 있음을 알게 될 것이다. 이제 양손을 들고 허공 속에서
공기를 느끼는 데 집중한다. 손끝, 손바닥, 손등, 손가락 사이사이로
에너지가 느껴질 것이다. 코로 숨을 쉬듯 손바닥으로도 숨을 쉬고
있다고 상상해보라. 집중하는 만큼 손바닥이 숨쉬고 있는 것을 깊게
느끼게 될 것이다.

에너지가 들어오고 나갈 때 생각과 감정도 사라진다. 에너지를 느낄 수
있다면 생각과 감정도 느낄 수 있다. 반복적으로 명상을 하다 보면 느낄
수 있고 바라볼 수 있게 된다.

그렇다면 조금씩 감정도 컨트롤 할 수 있는 힘이 생긴다. 그 힘은
자유로운 영혼에서 나온다.

영혼이 에너지를 느끼며 움직인다면 어떻게 될까? 긴장을 풀고
천천히 느린 음악에서부터 빠른 음악으로, 혹은 빠른 음악에서 느린
음악을 따라 흘러가듯 몸을 움직여보라. 느리게 움직일 때는 느낌에
집중하라. 손 끝에서 손가락 사이사이, 손바닥과 손등 전체를 느끼며
양손을 조금씩 움직여보라. 에너지의 긴 꼬리가 양손을 따라다니며
허공에 그림을 그리게 된다. 마치 하늘을 가르는 새의 날개처럼
자유로운 움직임이 될 것이다. 이제 손목, 팔목, 어깨, 척추 마디마디를
이완시키며 물 흐르듯이 부드럽게 음악을 따라 조금씩 빠르게 어깨춤을
추며 소용돌이 치듯 허리를 움직여보라. 영혼이 깨어나면 육체는 영혼이
되지만 영혼의 존재를 알지 못하면 육체가 전부인 것처럼 이끌려

다닐 것이다. 멀리서 움직이는 자동차가 보이고 가까이 다가가면
안에 운전하는 자가 보일 것이다. 그가 영혼이고 자동차는 육체이다.
그래서 운전자가 잠들어 있으면 자동차는 마음대로 움직이면서 사고가
날 것이다. 이제 자동차가 아닌 운전자에 집중해보라. 소울 명상을
통해 본질을 느끼고 자유로워질 것이다. 그래서 자유로운 영혼이라는
말이 있다. 이제 세상의 관념에 구속되지 말고 자동차가 아닌 영혼에
집중하다 보면 춤을 추듯 자유로운 영혼으로 살 수 있을 것이다.

치유

아~ 소리를 가늘고 길게 내보라. 중간에 끊어지면 곧바로 연결해서
다시 아~ 소리를 반복적으로 내다보면 목에서부터 가슴 속의 답답함이
소리를 통해 빠져 나온다. 가슴과 몸 전체가 비워지면서 치유되는
느낌이 들 것이다. 점점 소리가 깊어지고 커지면서 몸 통이 텅 비는
느낌이 들면서 하품이 나기도 하고 이유 없는 눈물이 나기도 할 것이다.
계속 반복하라.

소리 없는 울음

소리내지 않고 속의 답답함을 토해내듯이 울어보라. 입을 최대한 크게 벌리고 아 ~ 소리를 내지만 목구멍에서 시작하여 입안에서 사라지도록 한다. 반복하다 보면 벌어진 입과 턱이 좌우로 움직이면서 하품이 나거나 이유 없는 눈물이 나올 것이다. 멈추지 말고 계속해보라. 더 많은 눈물과 하품이 계속해서 나올 것이다. 계속 반복하라. 온 몸이 뒤틀리고 하품이 나면서 눈물이 하염없이 나올 것이다. 입주변이 커졌다, 작아졌다 움직이면서 많은 에너지를 토해내다 보면 점점 더 편안함을 느끼게 될 것이다. 요람 명상과 같이하면 효과적이다. 치유 명상을 반복해서 하다 보면 이유 없이 흐르는 영혼의 눈물을 체험하게 될 것이다.

뚫어

처음에는 입에서 한 숨을 쉬듯 소리를 내다가 다음에는 목에서 그 다음에는 가슴에서 소리가 나오도록 점점 더 깊은 곳에서 소리가 나오도록 질러보라. 목이 쉴 것을 두려워하지 마라. 소리를 내는 중간 중간에도 계속 목이 잘못될 것 같은 분별이 일어날 것이다. 특별한 경우가 아니라면 무시하고 계속 소리에만 집중하길 바란다. 노래방에서 큰 소리로 노래를 부르다 보면 속이 시원한 느낌이 드는 것은 막혀 있던 스트레스가 빠져나갔기 때문이다. 음정과 박자가 틀려도 좋으니 노래 부르면서까지 스트레스 받지 말고 큰소리로 즐기면서 부르도록 하라. 스포츠 선수들이 주먹을 불끈 쥐고 큰소리로 파이팅을 외치고 힘을 낼 수 있는 것은 막혀있던 감각을 깨웠기 때문이다. 소리를 내지 않을 때와 아주 작은 소리로 파이팅을 외칠 때의 느낌이 다른 이유를 체크해 보는 것도 좋을 것이다. 가슴이 답답하거나 막혀 있을수록 잔 기침이 나오거나 목구멍이 간질간질 할 것이다. 정체되고 막혀있으니 시원하게 뚫어내야 한다. 막혀있던 감각이 열리면 어느 순간 손바닥으로 몸 전체로 소리가 빠져 나오는 것을 느끼게 될 것이다. 마치 수없이 많은 작은 구멍들이 뚫린 보자기에 물을 담았을 때 구멍으로 물이 세어 나오는 듯한 느낌처럼 피부의 감각이 열리는 것을 감지하게 될 것이다. 소리를 지르고 나면 에너지가 빠지는 것처럼 보이지만 실제로는 비워진 공간만큼 새로운 에너지가 쌓이고 있다. 조용히 호흡하면서 내면을 느껴보라. 평화가 가득할 것이다.

호흡

화가 나면 호흡이 거칠어진다. 그것은 호흡을 다스리지 못해서 일어나는 현상이다. 슬프면 호흡이 가늘어지고 평화로우면 고요해지는 것처럼 호흡을 통해서도 감정의 상태를 알 수 있다. 깊이 들이쉬고 내쉬고 반복하면서 호흡이 아랫배에 머물도록 반복해보라. 그 호흡이 안정이 되면 숨이 들어오고 나가는 그 사이의 느낌에 집중해보라. 고요해지고 편안해 질 것이다. 집중하고 깊어질수록 몸의 느낌조차도 사라지고 호흡만 남게 된다. 호흡은 육체와 영혼을 연결해주는 에너지통로이다. 호흡은 영혼과 우주를 연결하는 통로이다. 이제 그대는 호흡을 통해 우주와 하나가 될 것이다.

통찰명상

힘들었던 기억이나 감정을 떠올려보자.
바라보기 : 화를 내거나 두려워하는 감정 상태를 그냥 바라보는 것
깨어있기 : 감정은 내가 아니라 만들어진 것임을 알게 되는 것
알아차리기 : 감정을 부여잡은 채 두려움 속에 있다면 힘들다는 것을 알게 되는 것
분리하기 : 감정은 그 순간 스쳐 지나가는 것이란 걸 깨닫고 집착하지 않고 내려놓아 분리시키는 것

빛

명상이 깊어지다 보면 뇌간이 개발되면서 6번 차크라가 열린다. 어둠 속의 터널을 통과하고 여러 가지 빛을 보기 시작하는 단계가 나온다. 이것을 차원 이동이라고 한다. 신비로운 체험을 통해 내면의 세계에 대한 확신을 갖게 되면서 자유롭고 편안함을 느끼게 된다. 그대 안에서 빛을 본다는 것을 상상할 수 있겠는가? 상상이 아닌 현실을 경험하고 싶다면 명상을 시작하라! 춤 명상, 뚫어 명상, 치유 명상을 순서대로 하고 난 이후 눈을 감고 편안하게 그저 느껴보라. 내 안에서 빛을 바라보게 될 것이며 나는 빛이요 사랑과 자비이며 진리가 될 것이다.

따뜻한 돌 명상

편안하게 앉아서 한숨을 쉬듯 반복적으로 호흡을 고른다. 몸이 팽창했다가 수축하면서 이완될 것이다. 그리고 평소와 같이 자연스럽게 호흡하면서 눈을 감고 아랫배에 따뜻한 돌이 있다고 상상해보라. 집중하다 보면 호흡을 할 때마다 돌이 점점 더 커지면서 따뜻해질 것이다. 그리고 돌에서 나오는 에너지가 온 몸으로 퍼져나가는 것을 느껴보라. 편안해지면서 온 몸 가득 따뜻한 에너지로 충만해질 것이다.

차크라 명상1

우리의 육체는 차크라와 밀접한 관계가 있다. 그 차크라는 긍정적 감정에 의해 돌거나 부정적 감정에 의해 멈추기도 한다. 차크라는 바퀴라는 뜻이다. 바퀴가 돌아야 자동차가 움직이듯 차크라가 잘 돌아야 몸이 건강해지고 영혼을 쉽게 느낄 수 있다. 척추를 바르게 세우고 앉아 왼쪽에서 오른쪽으로 천천히 원을 그리며 허리를 돌려준다. 반복적으로 원을 그리며 회전하다 보면 어깨와 척추 마디마디가 점차적으로 이완되면서 편안해진다. 몸이 회전을 하듯 몸 속에서도 에너지가 회전하면서 회음 혈에서부터 머리 끝 백회까지 회오리 바람처럼 에너지가 수직으로 올라가면서 통로가 만들어진다. 천천히 하던 회전이 점점 더 빨라지면서 원의 반경은 점차적으로 커지다 일정 시간이 지나고 나면 회전을 천천히 하면서 멈춘다. 그렇지만 몸은 여전히 돌고 있는 듯한 느낌이 들 것이다. 그리고 몸 안에서 회오리 바람처럼 올라가는 에너지와 머리 위 우주 에너지가 하나 되면서 편안한 빛을 느끼게 될 것이다. 그리고 빨, 주, 노, 초, 파, 남, 보 차크라의 빛이 온 몸으로 퍼져나가면서 빛으로 가득 차는 것을 느껴보라.

차크라 명상 2

척추를 바르게 세우고 앉아 왼쪽에서 오른쪽으로 천천히 원을 그린다. 배꼽을 중심으로 왼쪽에서 오른쪽으로 에너지가 반복해서 돌고 있는 것을 집중해서 느껴보라. 백지 위에 동그라미를 반복해서 그리는 듯한 느낌이 될 것이다. 에너지가 계속해서 돌다 보면 배꼽 위와 아래가 분리되는 느낌이 들 것이다. 다음은 명치를 중심으로 왼쪽에서 오른쪽으로 에너지가 돌고 가슴을 중심으로 목을 중심으로 눈썹 위 인당을 중심으로 에너지가 돌고 있음을 차례대로 상상하고 집중해 보라. 이제 원을 그리는 것을 멈추고 가만히 앉아서 배꼽 뒤쪽에서 등을 타고 머리를 지나 코를 지나고 가슴을 지나서 아랫배, 성기와 항문을 지나서 다시 등 뒤쪽으로 에너지가 반복해서 돌고 있는 것을 느껴보라. 처음엔 배꼽에서 명치, 가슴, 인당을 중심으로 에너지가 돌면서 위 아래로 분리가 일어나고 다음엔 등 뒤에서 앞으로 에너지가 돌면서 좌우로 분리가 일어난다. 반복하다 보면 점점 더 그 틈 사이가 벌어지면서 몸은 위 아래, 좌우로 조금씩 분리되면서 사라질 것이다. 몸이 사라지고 텅 빈 그 공간엔 지켜보는 의식만이 남는다. 그 지켜보는 자가 바로 영혼이고 존재이고 우주와 하나된 나이다.

JEEP

정돈되지 않은 비포장 도로 길을 도전하고 탐험하듯 출발하는 느낌은
온 몸에 전율이 돌며 설레임으로 가득하다. 깨어있지 않은 사람은
두려움이 가득하지만 피하지 말고 부딪쳐보길 바란다. 안전 손잡이를
꽉 움켜진 손바닥엔 땀이 흥건히 고일 수도 있지만 그 느낌도 새로운
도전이고 변화가 될 것이다. 지프에 오른 그 순간 지프를 내 몸처럼
믿고 맡겨야 한다. 운전대를 잡은 사람에게도 두려움 대신 100% 신뢰의
에너지를 보내주어야 한다. 우리의 삶은 순간에서 순간으로 연결된다.
매 순간 용기를 갖는 사람과 매 순간 두려움을 갖는 사람은 삶의 방향이
다를 수 밖에 없다. 그렇지만 용기를 갖고 움직이는 사람에게도 그
시작은 두려움이었다는 사실을 알아야 한다. 용기는 두려움이 있었기에
가능하고 두려움은 용기의 씨앗이다. 두려움이 없었다면 용기가 생겨날
이유가 없기 때문이다. 다듬어지지 않은 울퉁불퉁 굴곡진 길을 달리는
지프의 우직함으로 그대 내면 속으로 들어가길 바란다. 습관적으로
달려왔던 안정적인 마음의 길과는 달리 수풀이 우거진 미지의 세계로
향하는 낯선 길을 만나게 될 것이며 그 길에서 용기를 잃지 않는다면
미지에 대한 설레임으로 자유를 만끽하게 될 것이다.

크루즈

파도를 헤치고 바다를 가르며 움직이는 배 위에서는 요람 명상이 쉽게 된다. 흔들흔들 몸을 흐름에 맡겨라. 왼쪽으로 움직이면 오른쪽으로 가기 위한 과정이니 인위적으로 버티지 말고 그저 맡기면 된다. 자연적으로 이완이 될 것이다. 시원한 바닷바람에 피부가 부드럽게 자극되면서 감각이 깨어난다. 물살을 가르며 앞으로 나아가는 것은 과거의 무겁고 정체된 에너지를 버리고 오직 현재 시점에서 거대한 대양을 향해 당당하게 탐험을 시작하는 것이다. 그리고 배가 멈췄을 때도 약간의 흔들거림이 느껴지겠지만 몸 안의 중심은 그대로이다. 그 느낌을 체험할 수 있다면 존재를 알게 될 것이다. 한번 그 느낌을 알고 나면 삶을 바라보는 관점은 달라지고 그 변화 속에서 삶을 당당하게 탐험하게 될 것이다.

북

북을 치면서 몸의 감각이 깨어나는 것을 느껴보라. 북소리가 나는 음악을 틀어놓고 북을 치듯 몸을 움직이는 것도 한 방편이다. 그 옛날 전쟁터에서 공격 앞으로를 외쳤을 때 두려워하던 병사들을 움직이게 했던 것은 다름아닌 뒤에서 울려 퍼지는 북소리였다. 북소리가 생각을 멈추게 하고 긴장되어 있던 몸의 감각을 깨워 용기를 낼 수 있게 만든 것이다. 그대가 북소리에 맞춰 집중해서 몸을 자유롭게 움직일 수 있다면 몸에 구멍이 뚫리듯 감각이 깨어나는 느낌을 알게 될 것이다.

머머 (씨부리)

의미가 없는 아무 말이나 속 시원하게 쏟아 내보라. 완전 미친놈이라는 소리가 나도록 해도 된다. 스스로 미친 놈이 아니기 때문에 상관이 없다. 물론 막힌 공간에서 혼자 하거나 뜻이 통하는 사람과 하는 것이 좋다. 할말 못 할말 다 뱉어내고 나면 속이 시원해진다. 교회에서 소리지르고 통곡을 하고 알 수 없는 방언을 쏟아내면서 실컷 울고 나면 비워지고 빛을 보고 하는 것도 다 이와 같은 원리이다. 그리고 나면 종교에서는 신을 연결하는 것이고 명상은 내면의 나를 알아가는 방향의 차이가 있을 뿐이다.

명상 페스티벌

숨쉬는 것도 잊고 그저 바쁘게만 살아왔던 일상의 사무실에서 창 밖의 자연을 동경하고 있는 것이 아니다. 통풍이 잘되는 편안한 옷으로 갈아입고 도심의 잡음이 아니라 자연의 맑은 공기를 호흡하면서 내면으로의 여행을 시작하는 것을 말한다. 나무 그늘 아래서 바람소리 물소리 자연의 소리에 긴장되었던 몸은 이완 되고 생각과 감정도 사라질 것이다. 자연이라는 무대에서 무거운 에고를 내려놓고 풍요로움 속에서 즐겁고 자유롭게 춤을 추다 보면 시간은 멈춰지고 바람소리는 음악이 되고 햇빛은 조명이 되어 너와 내가 자연과 사람이 하나가 되는 축제의 장이 된다. '너'와 '나'라는 벽이 사라질 것이다. 국적이 사라지고 인종이 사라지고 남녀가 사라지고 종교가 사라지면서 개인의 이기심에서 집단의 이기심으로 분리되었던 무거운 관념도 사라질 것이다. 지나는 누구나가 비교와 분별대신 밝은 미소로 다가와 허그로 인사하는 아름다운 축제의 장이 명상 페스티벌이다.

나와 인류를 위한 기원

조용히 내면의 소리로 자기 스스로에게 한 문장을 3번씩 반복해서 말을 해준다.

나는 나를 이해합니다.

나는 나를 용서합니다.

나는 나를 존중합니다.

나는 나를 있는 그대로 존중하고 이해하고 사랑합니다.

나는 내 가족을 있는 그대로 존중하고 이해하고 사랑합니다.

나는 내가 아는 모든 사람들을 있는 그대로 존중하고 이해하고 사랑합니다.

나는 내가 알지 못하는 모든 사람들을 있는 그대로 존중하고 이해하고 사랑합니다.

나는 이 세상 모든 인류를 있는 그대로 존중하고 사랑합니다.

기원하는 문장이 개인, 가족, 인류의 어느 곳에서 소통되지 않고 부딪친다면 거기까지가 그대의 의식 수준이 된다.

기원하는 문장을 반복적으로 하다 보면 조금씩 깊어지면서 변화될 것이다.

5. 마음을 벗어나 명상으로

명상을 하면

과거와 미래가 아닌 지금 이 순간 여기라는 가치를 깨닫게 된다.

명상은

분노할 때 분노를 알아차리고 미워할 때 미움을 알아차리고
부정의식에서 긍정의식으로 이해하고 존중하고 사랑하고 그 순간 속에
살면서 존재를 알아가는 것 이것이 명상이다. 명상이 더 깊어지면
부정도 긍정도 없이 삶은 고요하고 평범해 진다.

3가지 에너지

머리에서는 지능이 나오고
육체에서는 본능이 나오고
영혼에서는 직관이 나온다.
그대는 어떤 에너지를 많이 쓰고 있는가?

생각

조용히 앉아있는 자에게 질문을 한다.
"무엇을 하기 위해 그렇게 생각을 하고 있는가?"
"그 무엇도 하지 않기 위해 생각을 비우고 있는 것이다."

관

생각, 감정, 행동을 습관적이거나 무의식적으로 움직이는 것이 아니라 잠시 멈춰서 바라보는 그 틈을 관(觀)이라고 한다. 그 틈이 커질수록 텅 빈 풍요로움 속에서 자유로워 질 것이다.

집중

밥 먹을 때 걷는 것을 생각하고 걸을 때 밥 먹는 것을 생각하는 것이 아니라 걸을 때 걷고 밥 먹을 때 밥 먹고 웃을 때 웃고 말할 때 말하고 똥 눌 때는 똥 누고 신문 볼 때는 신문 보는 것 이와 같은 순간의 집중은 즐거움이고 이것이 곧 명상이다. 그대가 무슨 일을 하건 즐겁지 않다면 그 순간 집중하지 않았기 때문이다.

변화를 원한다면

지나치게 많은 전문 지식은 오히려 명상에 방해가 된다. 시중에 있는 많은 명상 서적을 읽고 찾아온 사람이 있었다. 명상은 지식이나 기술 전달이 아니라 의식적인 교감이고 교류이기 때문에 그는 명상을 체험하고도 여러 다양한 책 내용만큼 결과가 일어나지 않은 것에 회의를 품고 있었다. 자신의 느낌이 아닌 다른 사람의 흔적을 따라가고 있다면 점점 더 부족함을 느끼게 될 것이다. 그는 내면에 집중한 것이 아니라 밖의 정보에 집착하고 있었던 것이다. 정보는 방향을 제시하는 것일 뿐 체험은 자신의 몫이다.

편안하게 앉아 호흡해보라. 책 내용은 다 내려놓고 침묵 속에서 피부로 스며드는 바람을 느끼고 에너지를 느껴보라. 감각이 깨어나고 조금씩 깊어지다 보면 지식으로는 표현하지 못할 새로운 차원을 체험할 수 있을 것이다. 이와 같은 감각적인 깨어남은 그대 자신에게도 세상에도 평화가 될 것이다. 변화를 원한다면 지금 바로 그대 내면에 집중하라.

이완

가만히 앉거나 누워서 몸의 한 부분씩 떠올리면서 조금씩 이완되는 것을 상상해보라. 집중이 되지 않는다면 한숨을 쉬듯이 깊고 길게 내쉬는 것이 도움이 될 것이다. 발가락 하나 하나의 긴장이 풀어진다. 무릎과 허벅지의 긴장이 풀어진다. 아랫배의 긴장이 풀어지고, 척추 마디 마디의 긴장이 풀어진다. 가슴의 긴장이 풀어진다, 목의 긴장이 풀어진다, 머리의 긴장이 풀어진다. 이렇게 자신의 몸을 떠올리며 머리에서 멀리 떨어진 곳부터 긴장을 풀어주는 상상은 이완에 효과적이다. 몸 전체가 충분히 이완되고 나면 다음으로 생각이 비워지고 복잡했던 감정이 사라진다. 이 때 몸은 잠을 자는 듯 하지만 의식은 깨어있는 상태가 된다. 마음이 사라지고 명상의 초기 단계이다. 집중이 잘 되지 않을 경우에는 긴장된 부분을 더 긴장시켰다가 풀어주는 것을 반복해서 하다 보면 변화를 체험하게 될 것이다.

움직이는 명상 절체조

손 끝에서 발 끝까지 인체의 모든 관절을 움직이면서 풀어주다 보면
혈이 열리고 정체된 에너지가 땀을 통해 빠져나간다. 땀을 흘리다 보면
생각과 감정도 조금씩 사라진다. 생각이 줄어들면서 마음은 비워지고
몸은 가벼워진다. 자신의 몸과 의식 상태에 맞게 100배, 300배, 1000배
절체조를 하고 난 다음 자리에 앉아 편안하게 호흡하라. 몸의 감각이
되살아나는 것을 느낄 수 있을 것이다. 몸의 모든 관절을 움직이면서
정체된 에너지는 몸 밖으로 빠져나가고 새로운 에너지가 그 공간에
채워지게 되면서 새롭게 태어남을 느끼게 될 것이다.
몸과 마음이 힘들어서 찾아온 여자가 있었다. 힐링 캠프에서 배우
고소영이 하는 것을 봤다고 하는 여자는 만날 때마다 그 이야기를
했지만 정작 본인은 하지 않고 있었다. 보기만 한다고 해서 좋아지는
것이 아니라 스스로 체험을 해야만이 가치를 알 수 있는 것이다.

바라보기

누군가 그대를 바라보고 있다면 행동하기가 불편할 것이다. 명상도 이와
다르지 않다. 그대의 생각과 감정을 스스로 바라보는 연습을 해보라.
그대와 감정 사이에 분리가 일어나고 점점 바라보는 것이 익숙해지면
감정은 눈치를 보며 사라지게 될 것이다. 그리고 바라보는 자만 남는다.

내려놓기

사실 그대가 갖고 싶은 모든 것은 다 변한다. 젊음은 늙고 아름다운 육체도 병들고 권력과 명예도 영원 할 수 없음을 두고 인생무상이라 했다. 그대가 무지하다면 더 많이 높아져야 되고 더 많이 가져봐야지만 내려놓을 수 있을 것이다. 가져보지 않고 내려놓을 수는 없기 때문이다. 많은 것을 가진 자들은 그것을 지키기 위해 고통을 감수하고 있다. TV뉴스를 보면 대기업 CEO들이 가진 것을 더 키워나가고 지키기 위해 고통을 참으며 욕심과 집착의 얼굴로 에고를 지키는 모습을 종종 볼 수 있을 것이다. 그들은 자유와 돈을 맞바꾸고 있는 것이다. 그들은 모든 것을 다 가졌지만 결국 내려놓기 위한 과정을 보내고 있는 것이다. 분명한 것은 물질이든 감정이든 지금 내려놓지 않으면 언젠가 내려놓아야 할 때가 온다는 것이다. 지금 내려놓지 못하면 1차적으로는 죽을 때 내려놓을 것이며 그 무거운 짐은 대물림 되어 그대의 2세와 3세가 내려놓게 될 것이다. 가진 것을 일부러 나눠주라는 것이 아니다. 우주의 이치에 맞게 잘 쓰면 된다. 미국의 대기업 CEO들이 명상에 빠지는 이유가 여기에 있다. 다 가져봤기 때문이다. 그대에게서 바라고 원하고 갖고 싶었던 집착이 사라진다면 그 순간 평화를 경험하게 될 것이다. 어떤 이는 정말 갖고 싶은 것을 못 가지는 것은 아닐까 하는 두려움 때문에 명상을 집중 못했다고 한다. 그래도 내려놓기 연습을 하라. 상상으로 내려놓는 것이지만 그 느낌만으로도 두루 효과를 보게 될 것이다.

깨어있기

'내가', '나'라는 단어를 내려놓고 동일시 하지 않을 때 지금 내가 생각하는 것이 '내가' 아니고 지금의 감정도 내가 아니라는 것을 알 때 그렇다면 관념적인 '나'와 본질적인 '나' 사이의 그 짧은 틈 속에서 침묵을 발견하게 될 것이다. 그 침묵 속의 텅 비어있음을 통해 '나'를 느끼게 된다. 단지 그 동안 경험해 보지 않은 낯설음이 있을 뿐 반복해서 경험하다 보면 그 현상을 통해 모든 것을 지켜보고 바라보는 근원적인 나를 알게 될 것이다. 이 상태가 각성이며 깨어있음이다. 눈을 감고 앉아 있을 때 누군가 나에게 눈을 뜨라고 한다면 귀로써 듣고 즉각적으로 반응하는 그 찰나의 비어있는 순간이 듣는 자이며 '나'이다. 그 다음으로 잠시 머뭇거리며 뜰까 말까 분별하며 망설이는 그 나는 마음작용이지 내가 아니다. 아침 6시에 일어나야지 하고 잠들었다가 알람이 울리기 1분 전 선명하게 눈을 떴을 때의 그 깨어있음이 나이고 다음 순간 10분만 하고 뒤척거리는 것은 마음이 작용하는 습관인 것이다. 명상이 깊어지면 이 차이를 자연히 알게 된다.

창문으로 밖을 바라보고 있다면 창문이 밖을 보는 것이 아니라 육체의 눈을 가진 내가 바라보는 것이며 육체적인 눈이 밖을 바라보고 있다면 눈이 밖을 보는 것이 아니라 존재가 밖을 바라보는 것이다. 눈은 창문과 마찬가지로 통로의 역할을 하는 한 부분일 뿐 바라보는 자는 아니다. 비교와 분별로 바라본다면 마음이 바라보는 것이며 비교와 판단 없이 그냥 바라보고 있다면 존재가 바라보는 것이다. 생각 없이 그저 지켜보는 연습을 하다 보면 텅 비어있는 깨어있음을 경험하게 될 것이다.

이 순간

지금 이 순간만 살 수 있고 지금 이 순간에만 죽을 수 있다. 이미 지나간 과거를 살 수 없으며 아직 다가오지 않은 미래의 순간도 살 수 없다. 지나간 과거와 다가오지도 않는 미래에 죽을 수도 없다. 그러니 지금 몸이 불편하더라도 언제 죽을까 걱정하지 말라. 어쩌면 그대의 어린 아들보다도 더 오래 살 수도 있다. 그대는 오직 지금 이 순간에만 할 수 있는 모든 것을 할 수 있다. 그리고 죽을 수도 있고 살 수도 있다. 그렇다면 어디에 집중하고 즐기겠는가.

건망증

어제의 기억을 놓아버려라. 그보다 더 오래된 끔찍한 기억까지도 놓아버릴 수만 있다면 그대에게서 지금 현재의 가치는 달라질 것이다. 이미 지난 것에 에너지를 낭비할 필요가 없으니 매 순간 새롭고 신선할 것이다. 그대 스스로가 건망증에 걸려있으며 이미 지난 것은 자동적으로 사라진다고 연습해보라. 시간이 지날수록 놀라운 변화를 경험하게 될 것이다. 이미 지난 인연보다는 지금 만나는 사람에게 집중하게 될 것이다.

정신 나간 놈

들이쉬는 숨은 풍요롭고 풍족하며 내쉬는 숨은 편안하고 자유롭다. 각성될수록 호흡은 깊어지고 느려진다. 그리고 고요하며 평화롭다. 내려놓아라. 그대의 욕심을, 비워라. 그대의 감정을, 마음이 과거와 미래에 가있고 지금 현재에 깨어있지 못한 사람을 정신 나간 놈이라고 부른다. 지금 그대 의식은 어디에 머물러 있는가?

한 곡만

음악을 틀고 반복해서 들어보라. 좋아하는 노래라도 반복되는 느낌이 지루하거나 짜증이 난다면 마음이 살아서 판단하고 있는 것이다. 마음은 이처럼 싫증을 잘 낸다. 만약 좋아하지 않는 노래를 반복해서 듣는다면 마음은 미치려고 할 것이다. 그래도 반복해서 들어보라. 밖이 아닌 내면에 집중하는 그 순간 판단하는 마음은 사라지고 반복되는 음악은 더 이상 그대를 괴롭힐 수 없을 것이다. 순간을 사는 자에게는 이미 지난 방금 이라는 과거도 사라지고 없다. 반복되는 그 순간이 반복되는 것이 아니라 처음처럼 새롭기만 할 것이다.

이름

자기 자신의 이름을 불러보라. 마치 다른 사람이 부르는 것처럼 객관적인 분리가 일어난다. 틈이 날 때마다 그렇게 불러보라. 이름이 아닌 그대 자신을 제대로 만나게 되는 날이 올 것이다.

채널

TV화면을 보다가 습관적으로 채널을 돌리지 말라. 마음이 보고 싶어하는 것을 멈추고 제어하는 시간을 갖고 기다려라. 순간적으로 멈추는 그 찰나의 시간이 습관을 바꾸는 시작이 될 것이다. TV를 바라보며 판단하고 좋아하거나 싫어하는 것은 마음이다. 깨어있지 않은 방송은 그대의 관념을 더욱 두껍게 만들 것이다. 리모컨을 들고 내가 지금 무엇을 하고 있는지 스스로에게 물어보라. 다른 방송 프로그램이 궁금하듯 자신이 누구인지도 궁금한 날이 오게 될 것이다.

녹음

나 아닌 다른 사람의 목소리는 선명하게 잘 구분이 된다. 그렇지만 자신의 목소리를 녹음하고 들어보라. 낯설게 느껴질 것이다. 이때 일어나는 분리 감은 새롭고 객관적인 느낌이 들것이다. 다른 사람은 어떻게 살고 어떤 소리를 하는지에 대해서는 민감하게 반응하지만 정작 자신의 소리와 느낌에는 무관심하게 살아왔으며 자신의 몸에서 나오는 소리가 낯설다고 느낄 수 있을 것이다. 이제 그 낯설음이 나를 알아가는 계기가 될 것이다. 기분 좋을 때의 목소리와 힘들거나 두려울 때 나오는 목소리를 통해 마음에서 일어나는 파장을 알게 될 것이다. 존재의 소리는 흩어지거나 분리되지 않는다. 침묵 속에서 나오는 소리가 있으니 집중해 보길 바란다.

마음 작용

나는 종교 때문에 "절체조를 할 수 없습니다." 라고 하는 사람이 있었다. 그는 착각을 하고 있는 것이다. 절체조는 몸이 하는 것일 뿐 내가 하는 것이 아니다. 마음이라는 관념이 몸에게 명령을 하거나 아니면 본질적인 내가 명령을 하는 것이지만 그는 몸이 움직인다는 것을 내가 움직이는 것처럼 동일시하였고 마음 작용이 있었던 것뿐이다. 절체조를 하는 것이 몸에도 좋고 나에게도 좋다. 단지 어긋난다는 관념적인 마음 작용으로 힘들어할 뿐이다. 그래서 관념이 두꺼울수록 힘든 것이 많다.

선택의 힘

인디언 속담 중에 선한 늑대와 악한 늑대 이야기가 있는 것처럼 그대 안에 사랑과 미움이 싸운다면 어느 쪽이 승자가 되겠는가? 사랑을 많이 경험한 사람은 사랑이라고 말할 것이고, 미움을 많이 경험한 사람은 미움이라고 말할 것이다. 정답은 늘 곁에 두고 반복적으로 사용하며 밥을 먹여주고 관심을 가져주는 쪽이 이길 수 밖에 없다. 습관적으로 사랑을 많이 사용하다 보면 미움은 지는 것이 아니라 저절로 사라지는 것이다. 미움을 많이 사용하다 보면 사랑이 사라지는 것과 같은 것이다. 그대는 매 순간 어느 한쪽을 사용하고 있으며 앞으로도 계속 사용하게 될 것이다.

변심

마음은 변하는 것이다. 그래서 마음이 맞는다고 좋아할 일은 아니다. 서로 살아온 환경과 배운 지식이 비슷하여 마음이 맞는 것이지 둘이 함께 있다 보면 또 다른 관점이 만들어지고 결국엔 마음에 맞지 않는 부분을 발견하게 될 것이다. 마음은 환경에 따라 감정에 따라 변한다. 언제나 딱딱 맞을 수가 없다. 그래서 마음 맞추기가 힘들다고 하는 것은 맞출 수가 없는 것이기 때문이다. 마음이 맞는다는 것은 어느 한쪽이 양보를 하거나 비굴하게 맞출 때만 가능하다. 사람의 마음이 변하는 것임을 안다면 삶의 방향이 달라 질것이다.

말도 안 되는 소리

말과 소리는 다르다. 말은 의미가 있고 뜻이 있지만 소리는 그냥 소리일 뿐이다. 그래서 도리에 맞지 않는 허튼 말을 하면 말도 안 되는 소리라고 하는 것이다. 다르게는 정신 나간 소리라고도 한다. 그대는 평소에 어떤 말을 하고 있는가? 깨어있지 않은 상태에서 정신 나간 소리만 하고 있는 것은 아닌지 체크해보아야 한다.

의심하라

길을 걷다가도 이게 왜 길인가? 자신이 눈 똥을 바라보며 이게 왜 똥인가? 의심하라. 처음부터 길이라는 이름도 똥이라는 이름도 없었다는 사실을 알게 된다면 멘붕이 올 것이다. 그대가 알고 있던 이름이 원래부터 있어 온 것이 아니라 만들어진 것이며, 모두가 그렇게 부르자고 한 약속이었다는 것을 알게 된다. 그 만들어진 허상에 우리 모두는 길들여져 왔다는 사실을 깨닫게 될 것이다. 그렇다면 바보처럼 시시비비 다투거나 싸워야 할 일들은 사라진다. 나중에는 일어나는 의심까지도 사라질 것이다.

유리로 된 항아리

몸을 유리로 된 항아리라고 느끼고 피부에서부터 몸 안쪽까지 반복해서 상상하다 보면 장기 하나하나까지 바라볼 수 있을 것이다. 밥을 먹거나 담배를 피우거나 술을 먹고 난 이후에도 그 장기들의 모습을 관찰하게 될 것이며, 좋아하는지 힘들어하는지도 느낄 수 있을 것이다. 또한 장기들을 바라보고 난 이후에는 자신의 마음을 바라보는 힘이 생길 것이며, 무의식적으로 쓰는 감정도 알아차리게 된다. 매일매일 유리로 된 항아리를 관찰해보라. 내면에서 신비로운 경험을 하게 될 것이다.

마음을 벗어나라

미국에서 지금 어디야? 하고 안부를 물을 때 서울이라고 하면 알아듣지만 서울에 있는 사람이 물을 땐 서울이라고 하지 않고 삼성동이라고 해야 알아듣는다. 의식적으로 확장되고 커진다면 그저 지구에 살고 있는 것이다. 어디라고 물을 이유가 없는 것이다. 마음은 떨어져있으니 외로움을 느끼도록 감정을 만들어내는 역할을 하고 있다. 몸은 서울이나 미국에 와있다고 말 할 수 있지만 존재는 그 어디에도 와있지 않다. 우주 속에 지금 이 순간에 그저 있을 뿐이다. 마음을 벗어나라. 마음에 끌려 다니지 않는다면 그대는 큰 의식으로 우주 속에 그저 존재할 수 있을 것이다.

초월

명상이 깊어지면 시공간을 초월한다. 그래서 몇 시간을 앉아 있고도 몇 십분 정도로 아주 짧게 느껴진다고 말한다. 비교하거나 판단하는 마음이 사라졌기 때문에 시간이 흐르는 것을 알 수가 없다. 시간이 아니라 그저 공간 속에 머물러 있는 것이다. 존재가 깨어난 그곳에서는 마음과 시간이 사라진다. 그래서 우주와 하나가 되는 것이다.

이상형

마음의 정보가 합쳐지고 짜맞춰지면서 만들어진 허상을 말한다. 마음의 정보가 다를수록 이상형이 다르다. 서로 자신이 좋아하는 배우가 최고라며 목메다가도 스캔들이 나면 배신을 당한 듯 이상형이 달라진다. 좋아하던 연인에게서 버림받아도 이상형이 달라진다. 세상의 두꺼운 관념에서 벗어나라. 마음을 비우고 바라본다면 있는 그대로 모든 존재가 다 이상형이 될 것이다.

진정 아는 것

사람을 한번 보고 그 사람을 안다고 말할 수 없다. 그 사람을 몇 번을 만나도 안다고 말 할 수 없다. 아는 것과 본 것의 차이는 완전히 다르기 때문이다. 우리는 그 사람을 한 번 보고 "어, 나 그 사람 알아."라고 말하지만 단지 그 사람의 겉모습을 한번 본 것뿐이다. 자주 보고 나면 "나 그 사람 너무 잘 알아."라고 말하며 육체적인 모습이 추하다거나 그 사람 마음이 내 마음과 다르다고 말할 수는 있지만 안다고는 말할 수 없다. 마음이 아닌 영혼을 바라볼 수 있을 때 비로소 그 사람을 안다고 말 할 수 있는 것이다. 그 사람을 아는 것은 본질적인 앎을 말하는 이다. 보는 것은 겉모습을 보는 것일 뿐 아는 것이 아니다. 이야기를 나눠도 알 수 없다. 단지 그 사람의 마음을 아는 것일 뿐이다. 진정 본질적인 그 사람을 알고 싶다면 명상을 하라. 이야기를 나누지 않아도 알게 될 것이다.

나를 만나는 눈물

힘들고 고통스러울 때는 울어라. 정체되는 것보다 그 방편이 훨씬 이롭기 때문이다. 울다 보면 맑아지고 깊어지면서 그대 존재와 가까워지게 될 것이다. 눈물을 쏟아내고 비움이 깊어지는 어느 날엔가 헤어졌던 가족을 만나 흘리는 눈물보다도 더 많은 눈물과 더 큰소리로 울게 될 것이다. 이유 없이 눈물이 흐르는 그날 그때는 그 눈물의 의미를 알게 될 것이다.

마음 알아차리기

사실 마음은 아프지도 않고 집착할 대상도 아니다. 마음은 그저 가까이에 있는 정보의 쓰레기통에 불과하다. 뒤집어서 탈탈 털고 던져버려라. 서로 다른 정보와 기억을 가지고 있기 때문에 소통이 되지 않는 마음의 벽이 생기는 것이다. 마음이 없어도 밥을 먹고 마음이 없어도 잠을 잘 수가 있다. 마음의 눈치를 보지 말라. 전혀 그럴 필요가 없다. 육체가 마음에 끌려가지 않도록 깨어나야 한다. 그렇다고 육체에 끌려 다닐 필요도 없다. 마음과 상관없이 그저 지금 이 순간에만 집중하고 깨어있으라. 깨어있는 그 순간 순간이 모여 영원이 될 것이다. 지금 그대의 마음이 살아있는지 죽어있는지 확인해보라. 지금 말을 하고 있는 것은 마음에 기억된 정보가 입을 통해서 각각의 사람들에게 말을 하고 있는 것이다. 마음이 사라질 수 있도록 침묵의 바다를 향해 뛰어 들어라. 마음이 사라지면 천국이고 사라지지 않으면 지옥일 것이다. 마음에서 모든 비교와 분별이 일어나기 때문이다. 마음이 살려고 하면 죽을 것이고, 마음이 죽으면 살 것이다. 마음이 죽으면 존재가 깨어나고 마음이 살면 존재가 깨어날 수 없기 때문이다. 그러니 마음이 죽었다는 의식으로 살아라. 매일매일이 즐거움으로 가득 찰 것이다. 마음의 벽이란 보이지도 잡히지도 않으면서 콘크리트 벽보다도 무너뜨리기 힘들다. 그래도 무너뜨려라. 마음의 벽이 사라져야 그대가 산다. 지금부터 마음에서 일어나는 모든 상황을 내가 아니라 단지 하나의 현상임을 알아차리도록 연습하라. 그렇다면 관심을 받지 못한 마음은 사라질 것이다.

길

에고가 높은 자는 드러나지만 쉽게 만날 수 없고, 깨달은 자는 드러나지 않기에 쉽게 만날 수 없다. 그대는 지금 두 사람 중 누군가를 만나기 위해 어느 한 방향으로 길을 가고 있을 것이다.

가만히 있어라

여가 시간엔 무엇을 하면 좋을까? 그럴 땐 아무것도 하지 마라. 그저 가만히 있어보라! 더 이상 무엇을 하려고 애쓰지 말라. 애쓰고 나면 또 뭔가를 하기 위해 애를 써야 할 것이다. 그 어떤 것도 하지 말라. 아무것도 하지 말고 충분한 휴식을 갖길 바란다. 마음은 그대가 멈춰있는 것을 두려워한다. 그저 조용한 침묵 속에서 마음을 지켜보라. 침묵 속에서는 영혼이 깨어나고 마음이 사라질 것이다.

침묵

침묵하라. 집중해서 침묵해보라. 침묵은 영혼의 언어이다. 그래도
끊임없이 생각이나 감정이 끼어들면 아직 마음이 살아 있는 것이다.
계속 침묵 속에서 마음을 지켜보라. 다른 이를 알기 위해 대화를 하려고
애쓰지 말라. 우선 먼저 그대 자신부터 알아야 한다. 내면으로 들어가라.
그리고 상대가 하는 말이나 행동을 그저 지켜보라. 그 상황에서 그대
자신의 모습이 보일 것이다. 조건에 따라 다른 이들이 행복해하거나
화를 내듯 그대도 행복해하거나 화를 내는 것을 발견하게 될 것이다.
그대와 다른 이들이 다르지 않음을 알게 될 것이다. 그대의 생각과
감정과 행동조차도 상대방을 바라보듯 지켜보는 자로 남으라. 그대가
찾고 원하는 모든 것은 텅 비어있는 침묵 속에 있다.

어둠

우리는 어려서부터 어둠에 대한 두려움의 정보가 주입되면서 관념을 갖고 살아왔다. 땅 속의 두더지에겐 오히려 어둠이 평화이다. 잠을 잘 때 불을 끄고 잠드는 것은 어둠이 평화롭기 때문이다. 불을 켜고 잠들어 보라. 쉽게 잠들 수도 없지만 피로가 풀리지 않고 피곤해진다. 불빛을 막기 위해 에너지가 밖으로 소모되기 때문이다. 어둠이 두렵고 무섭다면 그대의 기억 때문이지 어둠 자체의 문제가 아니다. 명상을 할 때 두 눈을 감는 것은 보여지는 사물로 인해 일어나는 분별을 막기 위함과 에너지가 내면으로 흐르도록 하기 위해서이다. 에너지가 내면으로 흐를 때 평화로움을 느낄 것이다. 그저 어둠을 지켜보고 느껴보길 바란다. 곧 따뜻하고 편안해 질 것이다

우주의 리듬

내가 하는 말과 행동은 다 영혼의 울림이다.
내가 하는 말은 영혼의 노래이고 내가 하는 행동은 영혼의 춤이다.

부정하라

조용히 눈을 감고 앉아 나는 누구인가? 이름이 떠오르면 이름은 내가 아니다라고 부정하라. 나이도 부정하라. 직업도 부정하라. 더 이상 떠오르는 것이 없을 때까지 부정하라. 그리고 부정하고 있는 것까지도 부정하라. 그렇다면 곧 침묵과 비움 속에서 언어로서는 설명할 수 없는 존재 그 자체를 경험하게 될 것이다. 그대는 이름이나 조건이 아니기 때문이다.

명상 10단계

1 회피
명상에 대한 나름의 관념으로 꺼려하며 선뜻 받아들이지 않는다

2 잡념
여러 가지 쓸데없는 잡스러운 생각으로 마음이 복잡하다

3 감정
명상이 진행되면서 어떤 현상에 대해 잘못될까 두려움을 느끼는 기분

4 일념
머리를 써서 헤아리고 판단하면서도 명상을 하기 위해 관심을 가지는 한가지 생각

5 집중
한 곳에 집중하여 에너지를 느끼면서 생각과 감정이 조금씩 줄어든다

6 명상
생각과 감정이 사라진다

7 비움
마음이 사라진다

8 자유로움
습관이나 관념에 사로잡히지 않으며 구속으로부터의 자유

9 깨어있음
영혼의 깨어남 soul awakening 매 순간 깨어있는 의식. 각성

10 중도
어느 한 곳으로도 치우치지 않으며 삶도 죽음도 없다

방향

꿈꾸는 자	깨어있는 자
육체	정신
에고	영혼
마음	본질
지배	존중
비교	있는 그대로
구속	자유
관계	교류
분리	통합
잡담	침묵
채움	비움
과시	겸손
과거, 미래	현재
후회	수용
부족함	감사함
집착	배려
복잡	단순
불만족	만족
머리	가슴

욕심	나눔
이론	체험
생각 감정	행동
관념	순수
안정	모험
판단	관찰
외면	내면
꿈	각성
수성	신성
심봉사	심청
계획	직관
무의식	의식
가난	풍요
부분	전체
자만	하심

소리 없는 울음

지금까지 나를 키워 준 부모의 입장이 되고 그들의 가슴이 되어 대신 눈물을 흘려보라. 가족을 느끼고, 주위의 사람들을 느끼고, 조금씩 의식을 확장시켜 나가면서 그들의 입장이 되어 그들의 가슴이 되고, 슬픔이 되고, 말할 수 없는 아픔이 되어 울다 보면 사랑을 느끼고, 가벼워짐을 느끼게 될 것이다. 그리고 편안해지고 비어있는 가슴을 느끼게 될 것이다.

명상을 하면

몸은 이완이 되고 영혼은 깨어난다.

더 깊어질수록

명상이 시작되고 눈을 감으면 깨어있음을 느끼고 눈을 뜨면 꿈꾸는 자가 된다. 눈을 감고 명상 속으로 들어가면 생각과 감정이 사라지고 마음의 지배에서 벗어나지만, 눈을 뜨는 순간 세상적인 관념이 작동하고 마음에 이끌려 다니게 된다. 명상이 시작되고 눈을 감아도 눈을 떠도 깨어있게 될 것이다.

느낌

꽃을 꺾으면 지구가 아파한다. 그대의 피부를 바늘로 찌르면 온 몸으로 아픔을 감지하는 것처럼 지구의 피부는 이름없는 꽃으로도 연결되어 있다. 의식이 확장된다면 그대 또한 지구와 하나임을 알게 될 것이다.

안 하는 것이다

그대는 깨닫지 못하는 것이 아니다. 깨달을 생각이 없거나 안 하는 것이다. 수많은 경전을 수십 번 읽고 난 이후, 어떻게 살아야 하고 깨달음이 무엇인지 사실은 알고 있지만 안 하는 것이다. 좀 더 쉽게 말하면, 춤을 못 추는 것이 아니라 안 추는 것과 같다. 아무리 몸치라도 죽을 만큼 연습한다면 누구든 감동시킬 만큼 춤을 출 수 있다. 깨달음도 이와 다르지 않다. 정신차리고 집중한다면 변화된다. 그래서 마음의 양식을 채우기 위해 여러 가지 많은 책을 읽는 것보다 오히려 비우는 것이 중요하다. 비우고 나면 마음의 양식에서 나오는 관념적인 움직임이 아니라 본질적인 자유의지와 사랑이 나오기 때문이다.

나이

명상을 찾아 온 나이 많은 회원 중에 스스로를 바라보고 알아차리는
경험을 하고 난 뒤 나이 어린 사람들을 바라보며 "저 나이에도 명상을
찾아오다니, 내가 저 나이만 되었어도." 라고 일찍 명상을 접하지 못한
것을 후회하는 것을 보았다. 그러면서 자신은 나이 때문에 늦었다고
반복적으로 말하면서 명상을 좀 더 일찍 만나지 못한 것을 후회하고
또 후회했다. 그는 나이 뒤에 숨어있었으며 의식은 두려움 속에
잠들어있었다. 지금까지 살아 온 자신의 이미지를 살리면서 적당히 새로
태어나고 싶어 했지만 그것은 불가능한 일이다. 지금까지의 '나'라는
이미지도 살리고 '새로운 나' 를 바라는 건 사실상 불가능하기 때문이다.
변하는 것에 대한 두려움이 있는 한 변화될 수 없다. 그렇게 시간이
지나다 보면 나이가 아니라 죽지만 않았어도 라고 후회하는 날이 올지도
모른다.

의식만큼

그대가 평화롭다면 세상은 평화롭게 보인다. 그대가 두렵다면 세상은
두렵게 보일 것이다. 이것은 세상의 문제가 아니라 그대 의식 때문이다.
오직 평화로운 자만이 평화를 나눌 수 있고 두려운 자만이 두려움을
나눌 수 있다. 그대 의식만큼 세상이 보일 것이며 그대 의식만큼 나눌 수
있다.

죽음

하던 일을 멈추고 지금 이 순간 죽는다면 이라고 연습을 해보라. 하고 있는 일 중에 무엇을 내려놓아야 하는지 쉽게 결정될 것이다. 한번쯤 죽는 연습을 통해 삶의 가치가 달라질 수 있다. 병원에서 죽어가던 노모를 간호하고 돌아가던 20대 아들이 자동차 사고로 먼저 죽을 수 있는 것처럼, 죽음은 나이라는 관념과는 상관없이 찾아온다. 언제 어느 때 올지 그 누구도 알 수가 없다. 그렇기 때문에 인간은 누구나 다 시한부 인생이다.

죽는 날이 언제일까 두려워 아무것도 못하는 사람도 그대 주위에는 있을 것이다. 삶이 아름답고 설레이는 것은 죽는 날과 시간을 모르기 때문인데, 죽음을 두려워 하는 삶은 이미 죽은 것이나 다름없다. 그래서 뭐든 지금 할 수 있어야 한다. 이 시간 이후 우리는 어떻게 될지 알 수 없다. 오늘 밤 아니 지금 이후 곧바로 죽을 수도 있으니 삶을 내일로 미루지 말고 지금 즐기도록 하라. 그리고 지금 이후 그대 앞에 있는 사람을 더 이상 볼 수 없을 것 같은 마음으로 대하며 살아가도록 하라. 우린 서로가 언제 죽을지 모르기 때문이다.

생 사

간단히 말해 태어나면 죽는다는 뜻이다. 그 사이에 어떻게 늙고(老) 어떤 병(病)이 들어서 죽는다는 의미가 빠져 있을 뿐이다. 몸을 가진 인간은 모두가 다 생로병사를 벗어날 수가 없다. 그와 같은 진리를 안다면 삶을 대하는 방식이 달라질 것이다. 늙지 않거나 병에 걸리지 않기 위한 헛된 삶은 고통스러울 수 밖에 없다.

영혼의 만남

"우리 헤어져."
"그래 헤어져."
"그런데 어떻게 나한테 이럴 수가 있어."
이와 같은 것이 남녀 관계의 사랑이다.
이제 남녀가 아닌 영혼의 사랑이 되어야 한다.
육체는 분리 될 수 있지만 근원적인 것은
분리될 수 없는 하나이기 때문이다.

전생

전생을 알고 싶고 변화하고 싶다면 지금 만나고 있는 주위의 모든
사람과의 관계를 풀어 나가다 보면 알게 될 것이다. 대부분 전생에
만났던 사람들이기 때문이다. 전생에 무엇이었는지 궁금해서 점쟁이를
찾는 사람을 본 적이 있다. 지금을 잘 살고 있다면 전생이 궁금할까?
이미 죽어있는 과거의 전생이 아니라 정말 중요한 것은 지금이다.
전생에 잘 못살았기 때문에 이 생에도 전생을 궁금해 하면서 삶을
낭비하고 있는 것이다. 그대의 전생은 지금 살고 있는 것을 보면 알 수
있다. 어제에서 연결된 오늘이고 어제의 전날은 그 앞 전날의 연결이며
지금의 생 또한 전생의 연결이기 때문이다. 그대의 오늘이 내일을 만들
것이다. 그래서 그대 전생의 마지막 순간이 다음 생의 시작이 될 것이다.
그래도 전생 타령을 하고 있을 것인가?

후생

다음 생에 나는 남자로 태어나서 꼭 해보고 싶은 것이 있다고 말하는 여자치고 지금 잘살고 있는 사람을 보지 못했다. 중요한 것은 성이 아니라 의식이다. 다음 생에 다시 태어난다면 무엇을 해보고 싶은가를 떠올려보라. 그리고 나서 그 하고 싶은 일을 지금 하면 된다. 아직 다가오지 않은 다음 생에 무엇으로 태어나는 게 중요한 것이 아니라 지금이다. 다음 생은 지금 죽을 때의 그 의식 그대로 연결되어서 태어난다. 그러니 다음 생을 기다리지 말고 지금 시작하길 바란다. 이 생을 잘 못산다면 다음 생에 남자로 태어나도 또다시 이 생을 궁금해 하면서 시간을 낭비하게 될 것이다.

연말연시

우주의 시계는 1년씩 멈추는 것이 아니라 멈춤 없이 그저 고요히
흐른다. 그래서 사실은 나이라는 게 없다. 모두가 다 한~살이다. 단지
조금 일찍 숨을 멈추거나 조금 더 오래 숨을 쉴 뿐이다. 몇 년 더 살았고
나이를 탓할 것이 아니라 많이 비울수록 동안이 된다. 내려놓지 못하고
욕심으로 가득한 사람은 빨리 늙어간다. 욕심으로 꽉 막혀서 에너지
순환이 되지 않아 늙어 간다는 사실을 알아야 한다. 운동을 하고 땀을
흘리면 육체적으로 건강해서 늙지 않는 것도 있지만 욕심을 비운 자를
따라갈 수는 없다. 명상을 하면 젊어지는 이유가 많은 것을 내려놓고
비우기 때문이다. 그래서 아이와 같은 자만이 천국에 이를 수 있다고
하는 것이다. 그대가 아이와 같이 순수하다면 지금을 천국처럼 살고
있을 것이다. 그러니 매 순간 비우고 한 해의 시작처럼 살도록 하라.

각성

명상이 깊어지면 깨어있음을 경험하게 된다. 잠을 자지 말라는 것이 아니라 의식적으로 깨어있음을 말하는 것이다. 그렇다면 생각과 감정 그 자체가 내가 아니라는 것을 알고 지켜보게 될 것이다. 아무런 관심을 두지 않고 바라볼 수 있으며, 그 순간 하늘의 구름처럼 잠시 스쳐 지나가는 것임을 알게 된다. 외롭다, 슬프다라는 것이 내가 아니라는 것을 안다면 더 이상 감정에 끌려 다니지도 않을 것이다. 감정이 일어날 때 '이것은 내가 아니다'라고 반복해서 말해보길 바란다. 물론 처음에는 쉽지 않을 것이다. 그렇기 때문에 반복해서 연습해야 할 것이다. 예를 들어, 분노라는 감정 그 자체가 나라는 착각 속에 있기 때문에 동일시 되어 화를 내고 있는 것이다. 그렇다면 분노가 지나고 난 다음 지금은 평화롭다고 말할 수 있는 것은 감정이 일어났다 사라지는 것임을 알 수 있다.

명상을 할 때 짧은 순간만이라도 스스로를 바라볼 수 있는 것을 부분적인 각성의 상태라고 말한다. 그러니 명상을 해도 변화가 없는 것이 아니라 내면적으로 조금씩 변화되고 있는 과정임을 알아야 한다.

꿈꾸는 자들은 영혼과 육체가 교대로 움직인다. 육체가 잠들면 영혼은 우주의 시간에 맞춰 또 다른 세계로 여행을 하고 온다. 영화 아바타에서처럼 육체가 잠들면 아바타가 움직이고 아바타가 잠들면 육체가 움직이듯, 의식이 분리되지만 깨어있는 자는 잠이 들어도 깨어있음으로 통합된다. 어느 길을 가든 비교에 의해 다른 쪽을 생각하지 않으며 감정적으로 흔들림이 없기에 항상 중심에서 바라볼 수 있도록 하는 것이 각성이다.

비움

이미 페인트 칠이 되어있는 벽면을 긁어내고 칠을 하는 것과 그냥 그 상태로 하는 것은 분명한 차이가 있다. 일상 생활에 있어서도 어제의 까칠한 감정을 그대로 쌓아두고 하루를 맞이 하는 것과 비우고 새롭게 시작하는 하루의 가치는 달라진다. 잠 들기 전에 생활 속에서 찌든 감정이 벗겨진다는 상상을 하는 것은 많은 도움이 될 것이다.
안 될 것이라는 선입견을 버리고 매일 반복해보라. 놀라운 일이 일어날 것이다. 물론 감정을 쌓아두고 살 것인지, 비우고 하루를 시작할 것인지, 그대가 원하는 쪽으로 사는 것은 자유이다.

의식확장

그대 자신을 사랑하지 않고서는 인류를 사랑할 수 없다. 그러니 이웃을
사랑하기 이전에 그대 자신부터 아낌없이 사랑하는 연습을 해야 한다.
우선 먼저 스스로에게 힘들다, 귀찮다, 짜증 난다와 같은 부정적인 말을
줄여 나가는 연습을 해보자. 부정적인 습관이 몸에 베여있는 사람은
다른 이에게도 습관처럼 부정적인 언어를 사용한다. 스스로를 사랑하는
습관을 가진 이는 다른 사람에게도 습관처럼 사랑하는 언어를 사용하기
때문이다.
자신의 종교를 사랑하는 이는 다른 종교인도 존중하고 사랑하게 된다.
다른 종교를 비판하는 이는 자신의 종교 안에서 사랑을 체험하지
못했기에 배타적이 되고 비판을 가하게 된다. 그래서 어렸을 때부터
배워왔던 정보가 중요하다. 그 정보가 나라고 착각을 하게 되면 환상
속으로 빠져 들어가게 되는 것이다. 반면 깨달은 부모는 어려서부터
경쟁이나 배타적이 아닌 있는 그대로 사랑하는 것을 알려 줄 것이며
그 아이의 의식은 무한히 성장할 수 밖에 없다.
개인의 사랑이 자라나서 부모와 가족들에겐 효를 실천하게 되고 효가
커지면 나라를 사랑하는 충이 된다. 충이 커지면 도가 되어 인류를
사랑하게 될 것이다. 그렇지만 성인=종교 가 된 지금 서로 다른 종교를
믿는 나라들이 싸우면서 수없이 많은 살생이 일어나면서 종교전쟁이
되었다.
효충도 라고 배워왔지만 사실은 개인도 가족도 민족도 다 인류라는
큰 정보로 통합되어야 한다. 많은 정보를 아는 것이 아니라 개인의

깨어남이 우선 되어야 한다. 가족간에 싸우는 것은 민족을 보지
못함이고, 민족간에 싸움은 인류를 보지 못함이고, 지구를 보지 못했기
때문이다. 의식이 확장되어 지구를 느낄 수 있다면 가족, 국가, 민족,
종교와 같은 작은 부딪침은 사라지게 될 것이다. 부딪치고 싸우는 것은
의식이 낮기 때문이다.
국가와 국가간에 서로 땅을 더 가지기 위한 이기적인 전쟁도 결국
지구를 아프게 하는 것임을 안다면 지구에 폭탄을 쏟아 부을 수
있겠는가? 지구가 없다면 나라가 존재할 수 있겠는가? 종교가 존재
할 수 있겠는가? 그대가 존재할 수 있겠는가? 지구를 그대처럼 집처럼
아끼고 사랑하자.

우리 모두는 힘들어 한다

에고로 가득한 자는 자신의 재물과 가족 그 외 자신의 이름으로 되어
있는 소유물을 지키기 위한 애착으로 힘들어 하고, 깨어난 자는 전쟁이
일어나고 숲이 사라지는 것을 보고 힘들어 한다. 에고로 가득한 자가
불행한 것은 마음 속에 소유와 집착이 가득하기에 힘든 것이고, 깨어난
자가 힘든 것은 그들에게 깨움이 미치지 못하는 것을 힘들어 한다.
우리는 모두 자신의 의식만큼 세상을 느끼고 바라본다.

의식레벨

한번은 데이비드 호킨스 박사의 의식레벨에 대해 돈이 아주 많은 사람과 이야기를 나눈 적이 있다. 의식은 돈과 상관이 없지만 물론 돈이 많으면서 의식이 높은 사람도 없지는 않다. 그렇다고 돈이 많아서 의식이 높은 것은 아니다. 그는 600의식 레벨을 가진 자보다 150의 의식을 가진 10명이 더 지혜로울 수도 있지 않느냐는 질문을 해왔다. 그렇다면 예수보다 신도 1만 명이 더 나은 스승이 되어야 한다. 이처럼 신도가 많아지도록 하는 것보다 개인의 깨어남과 더 깊어지는 것이 중요한 이유가 여기에 있다. 의식수준 150을 가진 10명은 150의 분노가 더 커질 뿐 1500은 될 수 없기 때문이다.

의식의 파장

명상을 하고 나면 허공처럼 텅 빈 것 같아 현실에 적응하는 것이 힘들지 않느냐는 질문을 받은 적이 있지만 실제로는 삶을 대하는 방식이 달라지면서 밝고 당당해진다. 그리고 스트레스로부터 자유로워진다. 그래서 명상을 오래도록 수행한 자는 명상을 경험하지 않은 자보다 4~5배 정도 에너지의 파장이 강하다고 하는 것은 근육이나 육체적인 힘이 아니라 의식의 파장에서 나오는 에너지를 말한다. 조폭이 강한척하지만 떼를 지어 움직이는 것은 자신들이 언제 잡혀가거나 죽을지도 모른다는 두려움을 가지고 살아가기 때문이다. 그렇지만 부처가 두려워서 무리 지어 움직이는 것을 상상할 수 있겠는가?

목사와 스님

마음에 기억된 정보에 따라 모두가 다 다른 천국의 꿈을 꾸며 교회를 다니고 있다.

마음에 기억된 정보에 따라 모두가 다 다른 극락의 꿈을 꾸며 절을 다니고 있다.

모든 것은 정보의 차이다.

정보를 지울 수 있다면 그래서 마음을 비울 수 있다면 지금 이 순간 천국과 극락을 체험하게 될 것이다.

천국과 극락의 차이는 목사와 스님의 차이 일 뿐이다.

지금 여기 1

"지금 어디에서 오는 길이냐?"
스승이 제자에게 물었다.
"집에서 오는 길입니다."
"그렇지 않다."
"무슨 뜻입니까?"
스승이 말하길 "넌 집에서 나왔고, 골목을 걸었고, 지하철을 탔으며, 들판을 지나고, 계단을 올라서왔다. 집, 골목, 지하철, 들판, 계단을 지나서 왔다."
"어디가 너의 출발지인가? 아직도 집에서 왔는가?"
"아닙니다. 모든 곳이 다 출발지 입니다."
"지금 너는 어디에서 왔느냐?"
"그 어디에서도 오지 않았으며 지금 이 순간 여기 있습니다."
출발지와 도착지는 관념일 뿐이다.
스승이 말하길 "몸은 어느 장소에서 출발하고 도착하지만 깨어있는 자는 그 어디에서도 오지 않고 지금 이 순간에 존재할 뿐이다."

지금 여기 2

"지금 어디로 가는 길이냐?"
스승이 제자에게 물었다.
"집으로 가는 길입니다."
스승이 말하길 "넌 이곳에서 출발할 것이고, 계단을 내려가고, 들판을 지나서, 지하철을 탈것이다. 그리고 골목을 지나 집에 도착할 것이다."
"계단, 들판, 지하철, 골목을 지나 집으로 간다. 이제 어디로 가는 길인가? 아직도 집으로 가는 길인가?"
"아닙니다 모든 곳이 다 도착지가 될 수 있습니다."
"지금 너는 어디로 갈 것이냐?"
"그 어디에도 가지 않으며, 지금 이 순간 여기 있습니다."
출발지와 도착지는 관념일 뿐이다.
스승이 말하길 "몸은 어느 장소에서 출발하고 도착하지만 깨어있는 자는 그 어디로도 가지 않고 지금 이 순간에 존재할 뿐이다."

6. 관념에서 순수의식으로

순수

아이들 앞에서 잘난 체해도 소용이 없는 것은 아이들에게는 그러한 것들이 좋은 것인지 판단할 수 있는 정보가 없기 때문이다. 서로 시기하거나 무엇인가를 좋아하는 것은 추구하고 바라는 것이 같기 때문에 경쟁에서 나오는 감정이지만 그와 관련된 정보가 없는 아이들은 무관심할 뿐이다. 에고의 병에 걸린 사람들과는 관념적인 언어가 필요하겠지만 아이들과의 대화는 순수하지 않으면 소통할 수 없다. 세상에는 공통된 관념들이 있다. 돈, 명예, 아름다움의 기준 등 이러한 것을 얻는 자는 행복하다는 관념이 있지만 사실은 잠시 행복하다고 착각할 뿐 영원한 것은 아니다. 그들에게는 적정한 기준이 없다. 오직 지금 가진 것보다 더 차지하려는 욕심과 가진 것을 지키려는 고통이 있을 뿐이다. 벗어나고 싶다면 에고를 내려놓을 수 있을 때만이 가능하다.

동심

편안하게 누워라. 그리고 한발은 무릎을 세우고 나머지 한발의 발목이 무릎 위에 오도록 ㄱ자로 올려놓는다. 양손은 깍지를 끼고 머리 뒤를 바치고 눈을 감는다. 어린 시절 들판에 누워 하늘을 바라본 기억을 되살려 상상을 하길 바란다. 구름이 흘러가는 것을 바라보고 나뭇잎 사이로 햇빛이 스며드는 것을 느껴보고 새들의 노랫소리, 고추잠자리, 산들바람 등 그 시절의 순수함이 되살아난다면 그대는 동심 명상을 통해 복잡한 생각과 감정을 정화하고 새롭게 태어날 수 있을 것이다. 떠올릴 수 없을 만큼 까마득한 기억과 유치하다는 생각이 든다면 지금 그대의 아이들과 소통할 수 없는 정말 유치한 어른 병에 걸려있는 것이다. 그래서 쉽게 포기하고 잠드는 것을 방지하기 위해서 한쪽 발을 올려놓고 중심을 잡아주고 있는 것이니 순수했던 어린 시절의 내 모습은 어떠했는지 반복해서 명상 해보길 바란다. 그 시절이 느껴진다면 그래서 아이들과의 소통이 가능해진다면 삶의 발걸음이 가벼워 질것이다.

벽

그대가 전체와 하나가 될 수 없는 것은 서로 다른 정보를 가진 마음이라는 벽 때문이다. 마음이라는 벽이 사라진다면 옆 사람과도 우주와도 하나가 될 것이다.

양파

껍질은 관념이고 마음이다. 벗길수록 또 다른 껍질이 나올 것이다. 벗기고 나면 결국엔 아무것도 없는 비어있는 본질만 남게 될 것이다. 아무것도 없다고 해서 아무것도 없는 것이 아니며 공기가 보이지 않는다고 인정하지 않는다면 그대는 곧 숨을 쉴 수가 없어야 된다. 양파를 가져다 놓고 껍질을 하나씩 벗겨내 보길 바란다. 마지막 껍질을 벗겨내는 순간 무엇이 남는지 알 수 있을 것이며 그대 또한 이와 다르지 않다.

많이 아는 바보

철수야 영희야 고개 들어 하늘을 봐, 모두들 산 위에서도 높은 빌딩의 옥상에서도 평지에서도 고개를 들어야만 하늘을 볼 수 있게 만드는 것은 지금 이 시대의 교육 때문이다. 그렇다면 개미의 하늘은 어디쯤일까? 인간인 그대가 내려다 보고 있는 그곳이 개미의 하늘이다. 이 시대는 많이 아는 바보들 때문에 삶이 복잡해졌다. 그대가 명왕성에서 바라본다면 지구는 하늘이 된다. 그대는 지금 건물 속에 있는 것이 아니라 우주라는 거대한 하늘 속에 있으며 그렇다면 지금 있는 그곳에서 그대는 곧 하늘의 일부이다. 지구도 하늘이고 땅도 하늘이고 그대도 하늘이다.

소풍처럼

초등학생들의 소풍은 설레지만 관념적인 천국은 두려운 이유가 뭘까? 현실적인 눈앞의 소풍은 즐길 수 있지만 천국은 사후에만 갈 수 있기 때문이다. 그것은 미지의 세계이고 두려움이기 때문이다. 매일 하루하루를 소풍처럼 즐겨라. 그렇다면 다가오지 않은 천국보다 더 풍요롭고 아름답게 살 수 있을 것이다. 천국에 대한 믿음에 확신이 있다면 지금 죽어서 천국을 가도록 하라, 왜 주저하는가?

관념 벗기

종교인들은 입고 있는 유니폼을 벗어야 한다. 그들은 내면으로 들어가지
않고 세상에 나 이런 사람이라고 보여주기 위해서 유니폼을 입고 거리를
다닌다. 축구 선수가 경기가 끝나면 평상복으로 갈아 입고 움직이는
것처럼 유니폼은 내부에서만 입고 외출할 때는 다른 옷으로 바꿔 입는
게 수행에 도움이 될 지도 모르겠다. 하나의 옷이라 검소함의 상징이 될
수도 있겠지만 오히려 멀리서도 알아볼 수 있도록 특별함이 되고 있다.
유니폼을 입고 다니는 것이 불이익을 당한다면 그들만의 옷을 지속적으로
고집하겠는가? 그들은 세상과 분리될 생각을 가지고 있는 것이다. 이제
갓 입문한 종교지도자에게 그의 의식과 상관없이 사람들은 유니폼에게
합장을 하고 거룩한 예를 올린다. 어쩌면 그들은 깊어지지 않아도 존경
받는 사회적인 관습 속에서 안주하게 될 것이다. 그래서 옷을 걸치지
않고는 불안해서 외출을 할 수 없게 될지도 모른다. 스스로 고행의
길이라면서 세금도 내지 않고 편리한 혜택은 다 누리고 있다. 종교적인
깨달음과 상관없이 단지 유니폼을 입은 숫자가 많아질수록 그 집단의
힘과 권력이라고 착각하고 있는지도 모를 일이다. 진정한 깊이는 걸치고
있는 옷과 상관없이 에너지로 나오는 것이다. 깨달음은 보여주는 것이
아니라 드러나지 않는 평범함 속에 있음을 알아야 한다. 그렇다고 옷을
벗고 다니거나 패션 쇼를 하듯 옷을 갈아입고 다니라는 것은 아니다.
무엇보다도 종교인이라는 관념을 벗어 던져야 한다. 그러한 관념을
가지고 있는 한 존재를 만날 수 없을 것이며 존재를 알려줄 수도 없다.
존재는 기독교인이거나 천주교인이거나 불교인이 아니기 때문이다.

장소

종교적인 장소에서 짧은 반바지를 입고 온 여자를 보고 '저런 옷을 입고 오다니' 라고 험담하는 광경을 보았다. 도대체 무엇이 문제인가? 신성한 장소에 저런 옷은 안 된다니 그들의 사고는 너무나 딱딱하게 굳어있다. 분명 보여지는 겉모습을 보고 판단하고 있는 것이다. 스스로 수행이 부족해서 신성한 내면을 볼 수 없으니 아직 겉모습에 흔들리고 있다라고 말하고 있는 것이 분명하다. 그대 존재가 신성하다는 것을 안다면 세상 모든 것이 신성하다.

나이

결혼한 남녀의 나이가 많이 차이 난다고 추하다거나 양심이 없다거나 하는 댓글을 본적이 있다. 나이가 비슷해야 좋다는 것도 관념이다. 우리는 이런 세상의 관념 속에서 두껍게 살고 있다. 껍질을 벗고 좀 더 가볍게 살 수는 없을까? 남자가 몇 살이면 여자는 몇 살이 된다고, 그래서 어떻게 사랑을 할 수 있겠냐고 말한다. 오늘 만난 어린 나이의 커플이 서로 좋아하다가 내일 누군가 죽을 수도 있다. 이것은 결코 나이의 문제가 아니다. 서로 사랑한다면 삐뚤어지게 바라보는 관념 따위는 신경 쓰지 않을 것이다.

그저 바라보라

모든 것을 그저 바라보라. 내 안에서 일어나는 생각과 감정을
개입시키지도 말라. 객관적 입장에서 바라보기만 하라. 이미 알고
있다는 것 또한 내려놓아라. 그것은 단지 과거의 기억에서 나오는 정보
작용일 뿐이다. 꽃이나 사람을 볼 때도 지난 이름을 떠올리지 말고 그저
바라보라. 이름에서 연상되는 수많은 정보들이 사라지고 그 순간에만
몰입하게 될 것이다. 바보가 되어도 좋으니 침묵하라. 안다는 사실을
잊어버려라. 그렇다면 진실로 알게 될 때에 그대는 침묵의 가치를 알 될
것이다.

씨앗

한 아이가 어른으로 성장하는 데는 많은 사람들의 오랜 정성이 깃들어야
가능하다. 부모와 형제, 친구, 선생 등 많은 이들의 관심과 사랑이 담겨
있으며 노래와 웃음, 평화와 자유, 땅에서 나오는 곡식과 나무의 산소,
태양과 별빛을 받으며 자란 풍요롭고 아름다운 생명체이다. 그러니
함부로 대할 수가 없다. 그 아이는 부모들만의 아이가 아닌 인류와
대자연의 사랑을 받고 자라며 성장하고 있기 때문이다. 어떠한 성분을
많이 받고 자라느냐에 따라 불행과 행복, 욕망과 비움, 사랑과 자비라는
꽃을 피우게 될 것이다.

안정 인정 지배

인간이 내려놓기 가장 힘들다는 3가지 욕망이다. 스스로는 지배 받고 싶지 않으면서 다른 사람들은 지배하려는 모순 속에서 아랫사람과 윗사람에게 인정 받으려고 애를 쓰고 있다. 내면이 가난하기 때문이다. 그래서 미래에 대한 두려움 때문에 안정적인 보험을 들고 적금을 든다. 아직 다가오지 않은 그 미래를 향해 모든 것을 쏟아 붓고 있는 것이다. 그대가 지배 받고 싶지 않다면 지배하지 말라. 인정 받으려 애쓰지 말고 인정해줘라. 미래에 대한 안정이 두렵다면 현재에 집중하면 해결된다.

진실한 종교

종교가 없는 사람도 진실되게 다른 사람을 진심으로 사랑하거나 진심으로 믿는다면 그 사람의 에너지는 종교를 가지고도 진실로 믿지 않는 사람보다도 훨씬 믿음이 강하다. 그에겐 양심이 있고 스스로가 하는 일에 대한 믿음과 확신이 있는 것이다. 그 에너지는 신성한 것이기에 모든 것을 변화시키고도 남는다. 결론적으로 모든 종교는 가장 아름다운 진리를 말하고 있다. 그렇지만 종교를 갖지 않은 사람도 진리대로 살고 있음을 알아야 한다.

어디에서 태어날까

학교 다니던 시절 부모의 직업은 무엇인지, 종교는 무엇인지, 물질적으로 부자인지 가난한지 이러한 설문조사를 하면서 학생을 평가하는 것을 보았다. 인간은 어느 집안에 태어나느냐에 따라 이씨, 김씨, 최씨, 양반, 상놈, 가난하거나 기업인 2세가 되고, 부모가 불교인 기독교인이면 깨달음과 상관없이 부모를 따라 교회를 가고 절을 가면서 그 종교인이 되어간다. 스스로 깨달은 것이 아니라 이미 누군가의 깨달음을 부모의 손에 이끌리거나 책으로 배우며 모방해 간다. 이와 같은 형식적인 종교인 수가 종교 집단이 되고 권력이 되지만 내면적인 변화는 없다. 그래서 사랑과 자비를 이야기 하면서도 서로 종교가 다르다는 이유만으로 부딪치는 것이다. 머리로는 사랑을 알지만 가슴은 열리지 않고 발바닥으로 움직이는 행동이 나오지 않는 것이다.

이중성

교회와 절은 대학입시 때 학부모들이 가장 많이 가는 곳이다. 시주를 하고 헌금을 내면 목사가 기도해주고 스님이 기도해주고 그로 인해 수험생 누군가는 분명 떨어져야 하는 경쟁이 시작된다. 수험생이 붙을 수 있도록 목사가 기도해주고 스님이 기도해준다면 분명 마음이 비워져 있는 수행자가 아니다. 누군가가 붙거나 떨어지도록 관여해서 될 일이 아니기 때문이다. 그렇다면 떨어졌을 때는 어떻게 할 것인가 헌금을 돌려줄 것인가? 물건을 사고 불량품일 경우 환불을 할 수가 있다. 마찬가지로 수험생이 떨어졌을 때는 환불을 해주어야 하지만 그러한 조항이 없는 경우는 어떻게 설명해야 할까? 입시가 끝나고 선거철이 되면 권력에 눈이 먼 꿈꾸는 자들이 찾는 곳이기도 하다. 이것이 종교의 이중성이다. 깨어나도록 안내하는 것이 아니라 기복 신앙이 되었다. 꿈꾸는 자들이 꿈에서 깨어나도록 종교가 깨어나야 할 것이다. 높은 곳에 오르기 위해 상자를 놓고 올라서지만 오르고 나서 다시 상자를 들고 오를 필요는 없는 것처럼 종교는 상자와 같은 것이다. 오르기 위해 필요한 것이지 상자가 중요한 것은 아니다. 상자에 의지하게 해서는 안 된다. 밖이 아닌 내면을 안내하고 깊어져야 한다.

깊어져라

이 시대의 종교는 사랑과 자비보다도 그 종교를 믿는 종교인이 많아지는 것을 원하고 있다. 개인이 깊어지면 굳이 말을 하지 않아도 에너지의 흐름을 통해서 주위에 많은 변화를 일으키지만 굶주린 누군가에게 밥 한끼를 더 먹게 하고 당신의 신을 믿게 하는 것보다 스스로 더 깊어지도록 안내해야 한다. 한 사람의 종교인이 더 많아져서 세력이 조금 더 커지는 것보다 개인의 의식이 깨어나고 깊어지는 것이 더 큰 의미가 있음을 알아야 한다.

영생

육체는 죽고 죽지 않는 그 무엇이 지옥으로 간다면 죽지 않는 그 무엇이 있다는 것을 안다는 것이다. 죽지 않는다면 죽지 않는 존재가 지옥의 불길 속에 있다 한들 무엇이 두려운가? 아픔과 고통은 육체에서 일어나는 것이기 때문에 죽음 이후에는 당연히 아픔과 고통은 함께 사라지는 것이다. 살고 죽는 생명은 육체에서만 있는 것이다. 그러니 죽음 이후의 고통을 두려워하지 말라.

영혼

사실 영혼이라는 단어를 쓰는 것 자체가 의미가 없다. 존재 그 자체는 영혼이라는 이름과 상관없이 이미 존재하고 있기 때문이다. 영혼이라는 것은 그저 존재를 표현하기 위한 하나의 정보일 뿐 이미 그대는 영혼이라는 정보와 상관없이 이미 존재하고 있다.

행복

물질과 환경은 밖에 있다. 이러한 조건을 쫓아 행복을 찾는다면 내면이 가난해지고 내면에서 행복을 찾는다면 조건과 상관없이 안과 밖 어디에서나 행복하다.

질문

초등학교 수업 시간에 선생이 아이들에게 질문을 했다.
세상에서 돈을 가장 많이 번 사람은 누구일까요?
빌 게이츠요,
정주영이요.
그들보다 더 많이 벌고 있는 사람은 부처와 예수이다. 그들은 모든 것을 내려놓고 비웠기 때문에 다 가질 수 있는 것이다. 교회에 가서 누구 이름으로 헌금을 하고 절에 가서 누구 때문에 시주를 하는 것일까? 분명한 것은 목사와 스님 앞으로 하는 것이 아니다. 예수와 부처를 믿고 헌금과 시주를 하는 것이다. 이것은 그대가 죽은 이후에도 계속 될 것이다. 사실 예수와 부처가 세상을 떠날 때 헌금하고 시주하라는 말을 했는지 궁금하다.

정보를 내려놓아라

종교가 현재에 집중할 수 없도록 하고 있다. 불교적으로 과거는 전생, 업, 미래는 극락, 지옥 기독교적으로는 과거의 원죄, 죄의식, 미래적으로는 천국과 지옥을 말하고 있기 때문이다. 그래서 그들은 현재를 살 수가 없다. 지금 일어나고 벌어지는 모든 것이 전생의 업 때문이며 죄인이기 때문이다. 그래도 미래의 천국을 가야하고 지옥을 가지 않아야 하기 위해 지금을 살고 있지만 그와 같은 두려운 의식으로는 현재에 집중할 수가 없다. 그래서 잘 살아야 하지만 잘못되어 질 때는 업과 원죄 때문이라고 한다. 그렇지만 천국과 극락은 가야 한다. 그대라면 어떻게 현재에 집중할 수 있겠는가? 이제 지금까지 알고 있는 모든 정보를 비우고 그저 살아보라. 텅 비어있으면서도 선명한 현재를 발견하게 될 것이다.

똑 같은 나

너 자신을 알라, 모두가 다 부처다, 나를 통해서만이 천국에 이를 수 있다. 너, 부처, 나는 다르게 표현 되었을 뿐 사실 다 같은 의미의 말이다. 영어, 일어, 한국어와 같이 문화의 차이에서 오는 표현방법과 언어만 다를 뿐이다. 너희 중에 죄 없는 자가 돌을 던지라고 했던 것은 너를 먼저 바라보고 알라는 뜻이다. 그 나를 알고 깊어지면 천국이고 모두가 부처임을 알게 될 것이다. 정보로 만들어진 관념이 벗겨지지 않는다면 여전히 자신의 종교가 더 깊고 높음을 이야기 할 테지만 그 또한 마음으로 만들어 낸 판단일 뿐 '나' 라는 존재에 영향을 줄 수는 없다.

신은 세상이다

이 세상에 존재하는 가장 두렵고 두꺼운 관념은 종교이다. 그대가 한번 종교에 빠졌다면 습관적으로 반복적으로 누군가를 찾게 될 것이다. 그렇다면 그대의 본질은 찾지 못하고 그대에게서는 점점 더 멀어질 것이다. 그렇지만 종교만이 그대를 만날 수 있게 하는 경우도 있다. 신을 찾고 찾으면서도 만날 수 없을 때 결국 그대 안에서 찾게 되는 과정이기 때문이다. 신을 안에서 찾은 사람은 이제 세상 어디에서도 신을 만나게 될 것이다. 신은 세상이고 그대도 세상의 일부이기 때문이다.

알아차리기

신의 아들을 무엇이라 부르는가? 신!
사람의 아들은 무엇이라 부르는가? 사람!
신을 아버지라 부르는 그대는 누구인가? 신의 아들
신의 아들이 성장하면 무엇이 되는가? 신!
이제 더 이상 두려워하지 말라.
업보와 죄인이라는 말은 신의 아들로 태어난 그대에게는 맞지 않다.
그대 안에 신성이 있다.
신성을 키워라!

전하는 것과 나누는 것

전하는 것과 나누는 것은 약간의 차이가 있다. 자기의 것이 아닌 남의 것을 내가 나눠 줄 수는 없는 것이다. 그래서 경험을 하고 자신의 것이 되었을 때만이 나눌 수가 있다. 전하는 것은 책을 읽은 내용이나 말씀을 전하는 것이기에 경험을 하지 않아도 내 것이 아니어도 대신 전할 수가 있다. 전하기만 하는 것은 잘못되어도 책임을 질 필요가 없다. 그저 전하기만 했을 뿐이다. 나누는 것은 내 것이 될 수 있도록 경험한 이후에만 비로소 나눌 수 있다. 종교 지도자들이 경전을 읽어 내려간다면 그것은 누구의 말씀을 전하고 있을 뿐 자신의 사랑을 나누고 있는 것은 아니다. 그래서 경험에서 우러나오는 에너지의 느낌은 아닌 것이다. 머리에서 머리로 전달되고 있을 뿐이다.

7. 꿈에서 깨어나라

의지

영혼은 의지를 먹고 성장하고, 의지는 영혼에서 나온다. 무지한 자들은 에고에 대한 갈망으로 영혼이 끊임없이 보내는 '나는 누구인가?' '나는 어떻게 살 것인가?'와 같은 메시지를 들을 수가 없다. 그렇지만 변화에 대한 의지를 낸다면 영혼의 메시지를 들을 수 있다. 영혼이 깨어난다면 마음의 힘과는 비교될 수 없을 만큼 밝고 강한 의지의 힘을 경험하게 될 것이다.

망상 妄想

많은 생각들이 이리저리 방황하고 혼란스러우며 의식이 잠자고 있는 상태이다. 명상은 비움이고 망상은 명상의 반대되는 상황이다. 그대가 명상을 경험하지 못했다면 마음으로 극복하려고 여러 종류의 책을 읽고 변화를 꾀하지만 머리에서만 맴돌 뿐 본질적인 자각은 일어나지 않을 것이다. 오히려 불필요한 정보로 인해 더 많은 관념적인 것들을 사실인 것처럼 믿고 망상에 가까운 삶을 살고 있을 것이다. 결론적으로 지금 일어나고 있는 그 복잡한 생각들은 그대가 아님을 알기 바란다. 아닌 것을 알 때 망상에서 벗어날 수 있을 것이다. 이해할 수 없어도 그 생각은 내가 아니라고 확신해야 한다. 그렇지 않고 망상이 깊어지면 과대망상이 된다.

망각 妄覺

오랜 시간 망상 속에 빠져있다 보면 깨달음조차도 잊게 되는 것을 망각이라고 한다. 그대가 삶에 대해 진실하지 않다면 깨달음을 잊게 될 것이며 착각과 환상 속에서 살게 될 것이다. 그래서 명상이 필요한 것이다. 명상은 본질과의 만남이다. 그대가 단 한번이라도 그것을 경험하게 된다면 망각할 수가 없다.

망령 妄靈

망령 들었다는 괴롭고 혐오스러운 일을 비유적으로 이르는 말이지만 영적으로 깨어있지 않음을 뜻한다. 늙거나 정신이 흐려 말이나 행동이 정상에서 벗어나 자신의 몸을 의지대로 쓸 수 없는 영혼이 분리된 상태를 말한다. 몸의 주인이 사라졌거나 다른 영혼이 들어와 몸을 움직이고 있다는 뜻이다. 나이가 들고 몸이 허약한 것과는 달리 의식적인 문제이다. 그대는 제 정신으로 잘살고 있으니 그렇지 않을 것이라고 생각할 테지만 비껴갈 수 없을 것이다. 그래서 깨어있어야 하는 것이다. 오직 깨어있는 자만이 모든 것에서 자유로울 수 있다.

명상 瞑想

몸의 느낌과 마음의 느낌을 알아차리면서 지켜보고 깨어있는 것을 말한다. 꿈꾸고 잠자는 것이 아니라 깨어서 바라보고 지켜보는 것이다. 잠든 사람은 아무것도 모른다. 바라볼 수 없기 때문이다. 그렇다고 육체적인 눈을 뜨고 있다고 해서 깨어있다는 뜻은 아니다. 생각과 감정의 지배를 받고 있다면 아직 꿈꾸는 자이다. 마음대로 뛰어다니며 움직인다고 자유로운 것이 아니라 언제 어디서나 무엇을 하든 있는 그대로 자유로워지는 것을 말한다. 명상으로 마음을 비워라. 의식이 깨어나고 꿈꾸는 자에서 깨어있는 자가 될 것이다.

스크린

첫 번째는 영화를 볼 때 흘러가는 스토리에 따라 반응하는 감정이 일어나는 것을 그저 지켜보라. 두 번째는 화면의 소리를 줄이고 그저 그림이 움직이고 있는 것을 바라보면 된다. 어느 순간 감정이 폭발하고 슬픈 장면에서도 싱겁다는 느낌이 들 것이다. 우리의 모든 부딪침은 말에서 나오기 때문이다. 이제 이러한 관념들이 걷히면서 말은 그저 의미 없는 소리로 들리게 된다. 생각과 감정이 분리되고 걷히면서 어느 순간 감정의 지배를 받지 않는 허공과 같은 그대의 존재를 체험하게 될 것이다. 그렇다면 얼마나 많은 시간을 만들어진 허상의 세계에 빠져 마음을 졸이며 에너지를 소모하고 있는지 알게 될 것이다. 차라리 안 보는 게 나을 수 있겠지만 막장드라마를 보면서 명상을 해보는 것도 효과적이다.

카르마

어렸을 때는 부모와 가족, 선생과 가까운 친지들에 의해 만들어지고
사회 생활을 하면서 폭넓게 만들어 진다. 그렇지만 그 뿌리는 전생에
뿌리를 박고 있다. 그것을 카르마라고 한다. 그와 같은 것을 가지고
천성은 못 바꾼다고 하는 것이다. 중요한 것은 전생이나 후생이 아니라
지금 이순간 변하고자 한다면 어려운 것은 아니다. 그대가 깨어있다면
그냥 변할 수 있다. 그래서 카르마 라는 말 자체를 아예 무시하고
사는 것이 나을 수도 있다. 부정적이고 두려운 정보는 깨어있지 않은
사람에겐 오히려 독이 된다. 종교에서 부정적인 정보를 즐겨 쓰는 것도
이와 같은 이유 때문이다. 믿고 의지하라는 의미이니 두려운 미래의
지옥이나 과거의 전생의 업 따위는 툴툴 털어버리고 현재에 집중하는
것이 잘 사는 것이다.

불치병

그대는 피해 갈 수 없는 불치병에 걸려있다. 이미 오래 전 태어날 때부터 언젠가는 죽어야 하는 죽음이라는 진리의 병에 걸려있다는 사실을 아는가? 그렇다면 주위의 죽음에 대해 더 이상 슬퍼하지 않아도 될 것이다. 구름이 끼면 비가 내리듯 당연한 것이다. 그리고 영원히 죽지 않는 것보다 한번쯤 죽는 휴식이 필요할 수도 있다. 죽음은 끝이 아닌 새로운 시작이기 때문이다. 죽음의 가치를 모른다면 언젠가는 죽는 불치병보다는 오히려 영원히 죽지 않는 불치병이 더 무서울 것이다. 의식의 깨어남을 모르고 영원히 먹고 자는 것에만 집착하는 그 삶이야 말로 끔찍한 두려움이기 때문이다. 단 한 순간 생명을 던지는 자살보다도 어영부영 살고 있는 그대 또한 이미 죽어가고 있는 것이며 죽은 것이나 마찬가지이다. 이제 죽어가는 불치병에 걸린 그대의 삶을 어떻게 받아 들일 것인가? 또다시 죽지 않기 위해 노력하며 살 것인가? 어떻게 살든 그대는 죽을 것이다. 그렇다면 어떻게 살 것인가?

하심

마음을 낮추면 부딪침이 사라진다. 높은 마음은 인정 받으려 하고 지배하려 든다. 자만심을 키우거나 콧대 높은 사람이 되지 말라는 뜻이다. 나를 드러내지 말라. 자랑하지도 말라. 드러낼 나조차도 만들지 말라. 깨달은 자는 비움 속에서 언제나 자유롭다. 깨닫지 못한 자는 욕심 속에서 언제나 불행을 벗어날 수 없다. 자신의 의식 수준만큼 살고 있기 때문이다. 그러니 세상 탓을 하지 말라. 모든 것은 그대 탓이다. 벼는 익을수록 고개를 숙인다는 말이 있다. 더 이상 보여주려 하거나 드러낼 것이 없을 때 인정받고 바라는 마음이 사라졌을 때 마음 속에 부딪침이 없을 때 마음이 텅 비어있을 때만이 하심이 될 수 있다.

파괴하라

파괴하지 않고 새로운 것을 창조할 수는 없다. 과거의 힘들었던 기억들을 내려놓거나 파괴하지 않는다면 계속적으로 되살아나서 그대의 현재를 방해할 것이다. 과거의 기억들이 끼어드는 것을 허락하지 말라. 불행하다는 것은 과거의 기억에서 지금을 비교하는 분별에서 나오는 것이다. 지난 과거를 파괴하라. 미래에 대한 환상을 파괴하라. 집착하는 대상을 파괴하라. 슬픔을 파괴하라. 두려움을 파괴하라. 파괴하지 않는다면 변화는 없을 것이다. 안정에 대한 욕구를 파괴를 하라. 안정은 허상이다. 균열이 가고 부서져야만이 새로운 변화가 일어난다. 그 변화 속에서 자유를 경험할 수 있을 것이다. 파괴를 기꺼이 즐겨라!

에고

인간은 돈, 명예, 권력이라는 에고 앞에서 끊임없이 싸우고 경쟁하며 채워 나간다. 새로운 상품을 반복해서 사들이며 남들에게 보여주기 위해 애를 쓰며 살고 있다. 더 많은 것을 소유해야 더 많이 행복하다는 관념 속에 살고 있지만 절대적으로 행복하거나 만족할 수 없다. 그래서 아직 부족하여 불행하다는 착각 속에 살고 있는 것이다. 그저 가만히 있을 때의 조건 없는 풍요로움을 알 수가 없다. 무엇을 가져서 행복하고 무엇이 부족해서 불행한 것이 아니다. 조건과 상관없이 행복할 때 진정한 행복을 발견한 것이다. 이제 더 이상 에고를 얻기 위해 고개를 숙이거나 비굴해지지 말라. 단지 그대가 에고 앞에 비굴해질 때 그때는 스스로에게 미안함을 갖고 고개를 숙여라. 그 알아차림은 잠에서 눈을 뜨는 것과는 차원이 다른 깨어남이 될 것이다.

무덤

"무덤을 바라보게 되면 나는 죽지 않는다." 에서 나도 이렇게 죽는다는 뜻이 담겨있다.

고속도로

오랜 시간 운전을 하다 보면 어느새 자신도 모르게 노래를
흥얼흥얼거리는 경험을 한번쯤 해보았을 것이다. 이것은 마음 작용이다.
마음은 가만히 있는 것을 못 참는다. 혼자 생각하고 걱정이라도 해야
한다. 자칫 위험할 수도 있는 운전을 하는 그 순간에도 마음은 끼어든다.
그대가 생각하고 걱정하는 모든 것은 그저 마음일 뿐이다. 관심을 두지
말고 비우고 버릴수록 좋다.

멍멍

개가 되어 짖어보라. 나는 개가 아니라 짖을 수 없다고 한다면 그대는 개일 확률이 높다. 짖는다고 해서 개이거나 개가 되지는 않는다. 그러니 하루에 20분 정도씩 개가 되어 즐겁고 신나게 짖어보라. 고통과 미움, 분노와 증오가 사라질 것이다. 억압되고 정체되었던 에너지가 사라질 것이다. 그러면서도 내가 왜 이 짓을 하고 있는 것인가? 알아차리게 될 것이다. 개가 되어 짖고 있는 것도 비정상적이고 늘 화를 내고 있는 그대 자신도 비정상적이라는 것을 함께 깨닫게 될 것이다. 개들은 두려울 때 짖는다. 짖으면서 그 두려움의 에너지를 토해내고 있는 것이다. 짖고 있는 개에게 시끄럽다고 멈추게 한다면 두려움은 공포가 될 것이다. 이론적으로는 느낄 수 없으니 절대적으로 경험해보길 바란다. 3일이 부족하면 1개월 정도 꾸준히 개가 되어 짖어보길 바란다.

불이야

스스로의 에너지가 바닥이고 힘들고 귀찮아서 아무것도 못하겠다는 사람에게 '불이야' 라고 소리친다면 어떤 일이 벌어질 것인가? 그런 사람일수록 정신을 번쩍 차리고 제일 먼저 후다닥 뛰어 나갈 것이다. 실제로 우리의 몸은 쓰면 쓸수록 에너지가 더 나올 수 있다. 단지 그 순간을 집중하지 않고 회피하려는 에너지를 썼기 때문에 즐겁지 않은 것이다. 마음은 관념적으로 좋아하는 것에만 에너지를 쓸려고 하는 습성이 있다. 이를 테면 이제 막 사귀는 좋아하는 연인과 있다면 무슨 일이든 함께 하는 것만으로도 즐거울 수 있을 것이다. 물론 오래 사귀다 보면 이마저도 시들시들해질 수 있지만 그러니 누구와 있어도 어떤 환경과 상황에서 청소를 하든 또 다른 무슨 일을 하든 그 순간 100% 에너지를 쓰면서 풍덩 빠질 수 있다면 즐거움이 그 속에 있음을 발견하게 될 것이다. 몸이 힘들거나 마음이 늘어지면서 회피하려 들 때 '불이야'를 외친다면 그대 스스로를 깨어있도록 만들어 줄 것이다.

덜 미쳐라

그대가 조금이라도 덜 미쳐야 영혼을 만날 수가 있다. 일에 미치고 스포츠에 미치고 취미에 미치다 보면 주위 사람들이 볼 때 그는 완전히 미친 사람처럼 보인다. 어느 날 가만히 있는 것이 불안해지는 날이 온다면 그는 평화로움도 휴식도 경험하지 못한 채 또 다시 정신 없이 움직이며 미칠 것을 찾아 다니고 있을 것이다. 뭔가를 해야 된다는 것은 에너지를 써서 움직여야 한다는 뜻이다. 그래서 움직임이 없는 내면의 세계로 들어갈 수가 없는 것이다. 우리는 정신 없이 움직이거나 가만히 못 있는 사람을 보고 정신이 나간 사람처럼 왜 그러냐고 한다. 폭발하듯 지나치게 화를 내고 절제하지 못하는 사람을 보고 미친 것 같다고 말한다. 그는 화에 집중해서 미쳐있는 것이다. 그의 마음 속엔 감정이 가득 쌓여있기에 내려놓거나 비울 수가 없다. 단지 그것을 잊기 위해 무엇인가에 환장할 만큼 미치면서 감정을 잊고 지내는 것이다. 또 다시 반복되는 것이 지겨워지면 다른 미칠 것을 찾아 다니게 된다. 이는 가난하기 때문이다. 누군가에게 나 이번에는 이런 것 한다라는 것을 보여주기 위함도 있다. 그렇다고 반복해서 미쳐가지만 궁극적인 변화는 될 수 없다. 결국에는 내려놓기 위해서 힘들게 그 과정을 하고 있는 것 뿐이다. 모르는 사람들은 일에 미치고 취미에 미치는 사람들을 부러워 하지만 전혀 그럴 필요가 없다. 그들은 복잡하게 일어나는 생각과 생활에서 벗어나기 위해서 미쳐가고 있는 것이다. 그대는 그저 그런 사람들을 조용히 지켜보면서 명상을 하라. 명상은 반복해서 한다고 미치는 것은 아니다. 명상이 깊어지면 더 이상 불안해서 뭔가를 해야 하는 것이 사라지기 때문이다. 필요에 의해 할 수도 있고 안 할 수도 있기 때문에 무엇을 하든 안 하든 자유로울 수 있다. 그래서 옛날과 달라진 그 사람을 보고 변했다고 하는 것이다. 이것은 변신이나 변심이 아닌 의식적인 변화를 말하는 것이다. 이 사람은 이제 마음적인 사람이 아니라 영혼적인 사람이 되었다. 이것이야말로 궁극적인 변화이다.

마음은 없다

말의 씨앗이 말씨가 되고 그 정보들이 쌓여서 마음을 만든다. 마음에서 반복되는 정보들이 마음씨가 된다. 그대는 스스로의 마음과 주위 사람들의 마음 속에 어떤 씨앗을 심고 있는가? 그 마음을 들여다 볼 수 있다면 습관적으로 어떤 씨앗을 심고 있는지 보일 것이다. 배려와 사랑인가 아니면 분노와 미움인가, 이렇게 오래 전부터 습관적으로 쌓아왔던 정보들이 마음이 된 것이다. 그래서 네 마음이 어떠냐고 묻는다면 10년 전에는 그랬고 3년 전에는 이랬고 1년 전에는 저랬고 어제는 요랬다라고 말하면서 자신의 마음을 털어놓는다. 자세히 관찰해보면 온통 과거를 끄집어 내놓고 있다. 그래서 마음은 과거의 산물이라고 하는 것이다. 미래 또한 과거의 기억과 정보를 바탕으로 계획하고 판단하는 것이다. 그래서 많은 스승들이 현재를 살고자 한다면 마음을 비우라고 내려놓으라고 하는 것이다. 마음을 사용하지 않는다면 그대는 비로서 자유로워 질것이다. 모든 번뇌는 마음에서 시작된다. 마음이 없음을 안다면 지금 이 순간에 온전히 살 수 있을 것이다. 생각이나 감정이 일어날 때 마다 마음은 없다라고 해보라. 마음을 모르는 자는 마음을 이야기 할 것이고 마음을 아는 자는 마음을 이야기 하지 않는다.

모든 것은 없다

제자 : 사람들이 종교를 왜 찾습니까?
스승 : 두렵고 힘들기 때문에 행복하기 위해서 찾는 것이다.
제자 : 종교를 가져도 행복하지 않은 것은요?
스승 : 행복은 없기 때문이다.
행복이 없음을 깨닫는 순간 그대는 행복할 것이다.

나는 나를 존경하는가

그대가 누군가를 존경한다는 것은 무슨 이유 때문인가? 그리고 그대는 스스로를 존경하고 있는가? 그대 스스로를 존경하지 않는다면 그대가 아닌 다른 누군가도 존경할 수 없다. 존경이 무엇인지도 체험하지 않고서 존경한다는 것은 사실이 아니기 때문이다. 나폴레옹, 징기스칸, 알렉산더 등 100인의 위인전 같은 것을 읽고 그저 존경해야 된다고 배워왔기 때문에 머리로만 존경하는 것일 뿐이다. 나폴레옹은 4시간을 자고 난 뒤 불가능이란 없다라고 하면서 결국엔 세상의 평화를 이뤄낸 것이 아니라 이웃나라 사람들을 많이 죽였다. 그 사실을 알면서도 부모들은 그러한 사람들을 존경하라고 자신의 아이들에게 가르치고 있다. 한 집단의 이기심을 채우기 위해 다른 사람들은 죽여도 된다는 것은 다른 사람들 또한 그대를 죽여도 되는 것을 말한다. 이것은 존경의 가치를 체험해보지 못했기 때문에 일어나는 현상이다. 멀리 있는 위인이 아니라 가까이에 있는 부모부터 존경할 수 있어야 하고 더 가까이는 자기자신부터 존경할 수 있어야 한다. 이제 그대가 스스로를 존경해야겠다고 의지를 낸다면 그래서 그대 자신의 생명을 소중하게 대하고 존재가치를 발견하다 보면 비로소 존경의 가치를 알게 될 것이다. 그래서 먼저 자신을 존경할 수 있어야 한다. 그렇다면 존경의 에너지가 흘러 넘치면서 다른 이들도 자동적으로 존경하게 되고 나아가 이세상 모든 사람을 존경하게 될 것이다.

무심

무심하다는 것은 차갑고 냉정한 사람이 아니다. 말 그대로 마음이 비어있다는 것이며 사소한 감정에 의해 동요되지 않는다는 뜻이다. 텅 비어 있는 허공과 같은 마음이며 하늘 같은 사랑을 말한다. 내 핏줄 내 가족만 사랑하는 것이 아니라 하늘 속에 있는 모든 것을 사랑한다는 뜻이 담겨있다. 비교와 분별이 아닌 있는 그대로를 바라보는 것이다. 깨어있는 부모는 자식을 무심하게 대한다. 자식을 내 마음대로 하겠다는 발상은 극히 위험하기 때문이다. 욕심을 갖거나 집착으로 다가가는 것이 아니라 큰 사랑으로 그저 지켜보며 실패를 통해 스스로 지혜를 발견할 때까지 기다리고 있다는 의미가 담겨있다.

신의 모습

명상을 하고 난 이후 액자 속 신의 모습을 보았다고 하는 사람이
있었다. 신을 보았다는 것은 신과 관련된 사진과 수많은 정보가 빚어 낸
마음의 작용 일 뿐이다. 그래서 신을 표현하라고 한다면 이 세상의 모든
사람들이 다 다르게 말을 할 것이다. 신은 인간을 창조했지만 인간도
신을 창조했다. 수 많은 정보로 신은 이렇다 저렇다 이렇기도 하고
저렇기도 하다고 정립했기 때문이다. 그래서 그 누군가에게 틀렸다고
한다면 화를 낼 것이다. 세상 만물이 있는 그대로 다 다르고 특별하다는
것을 알게 될 때만이 신을 제대로 보는 것이며 모두가 다 특별하기
때문에 지극히 평범하기도 한 것이다.

교회나 절에 가보면 오랜 시간이 지났는데도 예수와 부처의 모습이
변하지 않고 그대로 있다 세월이 흐르고 있는데 왜 아직도 그대로 인가?
지금은 더 중후한 모습으로 변해있어야 되지 않을까? 그렇지 않다면
변하지 않고 고정되어 있는 고정 관념이 된 신의 모습에 집착하고 있는
것이다.

형상으로서의 신이 아닌 알 수 없는 그 뭔가로 받아들이자. 그것은
우리가 쓰는 언어로는 설명할 수도 확인 할 수도 없는 신비이다. 그래서
알 수 없는 그 뭔가로 받아들이고 볼 수 있을 때 신성한 것이며 삶에서
새롭게 깨어날 수 있을 것이다. 사람들 중에 이 종교에서 저 종교로
개종할 수 있다는 것은 그대가 신의 아들이기에 아무런 두려움 없이
신성의 에너지를 쓰고 있기 때문이다.

우주의 시간

우주의 시간을 되돌리고 있는 종교의 관념은 대단하다. 부처님 오신 날, 아기 예수 탄생은 해마다 오기 때문이다. 부처님, 예수님이 가신 날이 언제인데 아직도 오신 날을 기념하고 있다. 우주의 시간을 어떻게 되돌릴 수가 있는가? 영화 속 타임머신과 다를 바 없는 넌센스이다. 이제 새로운 부처가 현실에서 나오도록 집중하는 것이 낫지 않을까? 왜 중생들 스스로가 부처가 될 수 있는 기회를 제공하지 않는가? 수 천년 동안 신을 믿고 따르는 자들이 벌인 전쟁과 살생의 흔적은 그들 속에 있는 존재와 신성에 대한 발견을 안내하지 않은 결과 때문이다. 이제 신을 받드는 신앙이 아니라 자기 스스로를 존중하는 시대가 되어야 한다. 스스로를 존중하다 보면 수성에서 신성으로 변화될 것이며 지난 시간이 아니라 매 순간 현존할 수 있도록 깨어있음을 나누게 될 것이다.

언어이전

신에 대해서 말하는 자는 신을 모르는 자이다. 신은 언어로서는 표현할 수 없기 때문이다. 사랑에 대해서 말하는 자도 사랑을 모르는 자이다. 사랑을 언어로 표현할 수 있겠는가? 경전을 끼고 다니며 달달 외운다고 해도 사랑은 언어로 표현 할 수 있는 것은 아니다. '나는 당신을 사랑합니다'라는 언어적인 표현은 표면적인 것이다. 존재를 안다면 굳이 표현을 할 필요가 없다. 그냥 존재 그 자체로 사랑이기 때문이다. 사랑인데 사랑이라고 말을 할 이유는 없는 것이다. 진짜는 진짜라고 말을 해야 할 이유가 없지만 가짜는 진짜로 말을 해야 속일 수가 있는 것이다. 된장국을 끓여서 먹어봐야 맛을 알 수 있듯이 지식이나 설명이 아닌 침묵 속에서 바라보고 느끼다 보면 사랑은 이런 것이구나 저절로 알게 된다.

신성

내 안에 신성이 있음을 아는 자만이 신을 알 수 있다. 신의 성질을 모르는 자가 신을 어떻게 알 수가 있겠는가? 그래서 신을 내 안에서 먼저 만나야 한다. 그렇다면 밖에서도 만날 수 있다. 신성한 눈으로 볼 수 있을 때만이 우주가 신의 작품이라는 것을 알게 된다. 신을 밖에서 찾고 있는 자도 시간이 흐르면 결국 안에서 만나게 된다. 단지 오랜 시간이 걸린 이후에 안과 밖 어디에서나 신을 만날 수 있는 신성의 존재를 알 수 있을 것이다.

신의 이름으로

배타적이 되거나 질투하거나 시기하지 말라. 신은 다른 모든 사람을 그저 사랑하라고 하였다.

나마스떼

사람들과의 만남에서 무엇을 바라보고 인사를 하는가? 겉모습인가, 직업인가 아니면 직책인가. 있는 그대로의 존재가 아니라 에고에게 인사를 하고 있다면 '나마스떼'라는 의미를 알 수 없을 것이다. 당신 안에 신성은 안녕하십니까? 당신 안에 깨달음은 안녕하십니까?

갈등

일상을 살고 있는 사람들은 마음과 마음의 부딪침으로 두려움을
갖지만 비슷한 의식으로 형성된 분위기에 조금만 맞춰주면 별 탈 없이
지나갈 수 있다. 그렇지만 반복되는 그 일상이 쌓이고 깊어지면 몸이
아프거나 마음이 힘들어지면서 '내가 더 이상 이렇게는 살 수 없다'
라는 존재에 대한 갈망이 일어난다. 존재를 감싸고 있는 마음의 성질은
두려움이다. 그래서 마음을 쓰는 자가 존재를 발견하기에는 밑바닥의
단단한 두려움과 마주하게 되고 그 두려움이 파괴되는 것을 두려워하는
것이다. 이것은 자신 뿐만 아니라 주위의 부모, 아내, 남편이라는 가족과
사회도 두려워한다. 깨어난 자식과 아내, 남편이 변화된다면 더 이상
지배할 수 없기 때문이다. 그 두려움은 통념화된 것을 벗어난 미지에
대한 두려움이다. 명상을 시작해보라. 마음을 벗어나 존재의 깨어남을
체험하게 될 것이다. 존재의 깨어남은 마음의 사라짐을 의미한다.
그래서 명상이 깊어지면서 존재를 회피하려는 마음의 갈등도 더
깊어지는 것이다.

3가지 의식

에고로 가득한 자는 마음의 에너지를 쓰고
제자는 영혼의 에너지를 쓰며
스승은 신성의 에너지를 쓴다.

꿈꾸는 자는 마음의 에너지를 쓰고
깨어나려는 자는 영혼의 에너지를 쓰며
깨어있는 자는 신성의 에너지를 쓴다.

마음의 에너지를 쓰는 자는 한계를 회피하고
영혼의 에너지를 쓰는 자는 한계를 넘어서고자 하며
신성의 에너지를 쓰는 자는 한계가 없다.

마음을 쓰는 자는 마음을 쓰는 자를 변화시킬 수 없고
영혼을 쓰는 자는 마음을 쓰는 자를 변화시킬 수 있으며
신성을 깨달은 자는 마음과 영혼을 깨울 수 있으며
그때부터는 하고 싶은 일이 아니라 해야 될 일을 하게 된다.
그것을 사명이라 말한다.

깨어있는 자

지금 여기를 살지 못하는 자들은 생일, 기념일, 석가탄신일, 크리스마스, 우리 만난 지 몇 일에 집착한다. 지금 행복하지 않기에 그 날에 집착하는 것이다. 사실 지금에 집중하지 않아서 불행한 것임을 모르고 있는 것일 뿐이다. 그래서 그날이 오면 행복할 수 있으리라 집착한다. 모두가 행복해진다는 분위기 때문에 최면에 걸린 것이다. 집단 최면이 천국과 극락이다. 지금을 사는 건 고통이고 두렵다. 그래서 천국과 극락에 의지하며 살고 있다. 천국과 극락이 있다는 확신이 들면 빨리 죽는 게 맞지만 확신이 없으니 죽지도 못한다. 이것이 종교의 문제이다. 지금을 잘 산다면 사랑과 자비를 몰라도 천국과 극락을 몰라도 자동으로 그곳으로 가게 될 것이다. 그렇지만 현재를 살도록 두지 않는다. 끊임없이 현실을 두렵게 만든다. 원죄를 이야기 하고 업을 이야기 하고 있기 때문이다. 깨어나야 한다. 이제 스스로를 바라보고 사랑할 수 있도록 해야 한다. 자신 안에서 사랑을 발견하고 키워나간다면 누가 강요하지 않아도 사랑을 나누게 될 것이다. 꿈꾸는 자, 무지한 자는 지금을 살지 못한다. 그들은 죽음 이후의 세계에 살고 있다. 오직 깨어있는 자, 지혜로운 자만이 지금 이 순간을 산다.

나를 따르라

예수님이 나를 따르라고 한 것은 고통과 시련의 길이 아닌 즐겁고 자유로우며 평화로운 길이기에 나를 따르라고 했던 것이다. 그 길이 즐겁지도 평화롭지도 않은데 따르라고 했다면 그 길은 사랑의 길이 아니다. 그 길이 고통스럽고 가시밭길이라면 그 길을 따라서는 안 된다. 예수님이 그 길을 간 것은 즐겁고 자유로우며 평화로운 길이기에 사랑하는 제자들을 따르라고 했던 것이다. 나를 알아 가는 길은 관념과 마음 작용의 내가 아닌 본질적인 나를 말하는 것이다. 그런데 왜 우리는 그 길을 두려워하고 있는 것일까? 누군가 그 길을 잘못 알려주고 있는 것은 아닐까?

꿈꾸는 종교

그대는 자녀에게 어떤 십계명을 알려주고 싶은가? 유대교, 기독교, 불교, 개신교, 천주교 등 왜 종교에서는 한결같이 약속이나 한 듯 십계명이 다 있을까? 십계명을 거역하면 왜 두려움을 갖게 만들었을까? 그리고 왜 OO하지 말라 OO하지 말라 부정적인 에너지를 담고 있는 것일까? 왜 OO하라 OO을 해도 된다는 긍정에너지는 없는 것일까? 아이들에게 부정적인 의미로 하지 말라는 것과 해보라고 하는 것은 앞으로의 성장 가능성에 많은 차이가 있다. 세 살 버릇이 여든까지 간다는 말이 있다. 어렸을 때 배웠던 정보는 나이가 들어서도 지배한다는 뜻이다. 그대의 아이들에겐 어떤 십계명을 알려주고 싶은가? 지금 다니고 있는 종교의 십계명을 다시 한번 더 선명하게 바라보라. 그리고 다른 종교의 십계명도 한번 찾아보라. 깨어있지 않은 신도들을 깨우기 위함일 수도 있지만 깨어있음 조차 모르는 자들에겐 오히려 두려움을 주고 지배하고 있는 것은 아닐까? 진정한 깨우침을 위해서일까? 아니면 또 다른 목적이 있는 것일까?

긍정 십계명

1. 용기내라
2. 친절해라
3. 수용해라
4. 용서해라
5. 이해해라
6. 사랑해라
7. 존경해라
8. 기뻐해라
9. 감사해라
10. 순수해라

오프라 윈프리의 십계명

1. 남들의 호감을 얻으려 애쓰지 마라
2. 앞으로 나아가기 위해 외적인 것에 의존하지 마라
3. 일과 삶이 최대한 조화를 이루도록 노력하라
4. 험담하는 사람들을 멀리하라
5. 다른 사람들에게 친절하게 대하라
6. 중독되는 것을 끊어라
7. 당신에 버금가는 혹은 당신보다 나은 사람들로 주위를 채워라
8. 돈 때문에 하는 일이 아니라면 돈 생각은 아예 잊어라
9. 당신의 권한을 다른 사람에게 넘겨 주지 마라
10. 포기 하지 마라

평화로운 십계명

1. 전쟁대신 평화를 나눠라
2. 무기 대신 농기구를 만들어라
3. 지구를 사랑해라
4. 그래야 너도 산다
5. 너만 고집 있는 게 아니다
6. 다른 사람도 고집 있다
7. 다른 사람을 존중해라
8. 너의 고집과 다른 사람의 고집도 비우는 게 더 좋다
9. 이웃 집과 그 집 아내도 영혼으로 존중해라
10. 그래야 네 집과 아내도 존중 받는다

즐거운 십계명

1. 즐겨라
2. 춤춰라
3. 노래 해라
4. 현재를 살아라
5. 지금이 천국이다
6. 모든 일에 괜찮다고 말하라
7. 자신을 있는 그대로 존중하라
8. 숨쉬는 것을 감사하라
9. 관념적인 내가 아닌 본질적인 나를 믿어라
10. 있는 그대로 사랑하라

심플 일계명

많이 웃어라.

8. 명상으로 바라본 문화

인간 안에 수성 영혼 신성을 알려주는 영화

"사람이 곧 반신반수다" 라는 말이 있다. 인성 속에는 신성과 수성이 있다는 것과 같은 말이다. 영화 〈반지의 제왕〉과 〈호빗〉을 보면 인간 속의 신성과 수성이 잘 표현돼 있다. 호빗족이 인성, 지하세계의 오크족이 수성, 엘프족이 신성이다. 반지는 인간의 욕심과 욕망이며, 인간의 왔다갔다하는 마음은 골룸이다. 샤우론은 에고이다. 호빗은 신성을 향해서 가고 오크족은 인간이 가진 반지를 빼앗기 위해 뒤를 쫒고 있다. 엘프는 인간들이 성장할 수 있도록 주위에서 돕는 것이며 간달프는 호빗이 깨닫도록 도와주는 영적인 안내자이다. 샤우론은 인간 저마다 가진 에고이다. 외로운 산, 괴로운 산일 수도 있고 다이어트 산, 군것질 산 일수도 있으며 명예를 쫒거나 권력의 산 일수도 있다. 그래서 에고를 강화시킬 수 있는 반지를 빼앗아 더 채우려고 하는 것이다. 그대가 집착하는 에고의 산은 어떠한 산인가? 집착할수록 그 산은 점점 더 커져갈 것이다.

지금 그대가 고통스럽고 힘든 한계를 넘어서고 있다면 그 에너지는 영혼이 성장하는 과정에서 나오는 의지일 것이다. 영혼을 아는 '자각'은 그대를 신성으로 향하도록 안내할 것이며 인성이 에고라는 반지를 내려놓는 그 순간 수성은 사라지고 신성과 하나될 것이다. 그리고 신성은 현실의 나눔으로 내려 올 것이다.

지구 평화와 영혼의 성장을 안내하는 영화
아바타

아바타의 메시지는 2가지이다. 현실적으로는 자신들의 입장에서 미개하다고 판단되는 나라에서 값진 것을 빼앗고 학교와 병원을 지어주며 정당화시키는 강대국의 잘못된 의식을 지적하고 영적으로는 아바타의 걸음마, 달리기, 말타기, 나무 위를 뛰고 뛰어내리며 새를 타기 위한 과정들은 영혼의 성장을 담고 있으며 새를 통해 자유로운 영혼이 되는 과정을 알려주고 있다.

'쌍둥이 형인 토미의 삶을 동생인 제이크가 이어받는다.' '하나의 생명이 끝나고 또 다른 생명이 시작된다.' 쌍둥이는 전생을 말한다. 전생의 삶이 끝나고 우주선 속에서의 깊은 잠에서 깨어나 또 다른 삶의 환생은 전생에서 죽음을 맞이한 바로 그 의식 상태에서 연결된다는 의미이다. 지구인은 에고적인 것을 나타낸다. 그 중에서도 해병은 싸움과 전쟁을 상징하는 강한 에고이다. 판도라 행성에 도착한 제이크는 '신참 겁먹이는 건 여전하군.' 이제 지나온 삶을 관조자가 되어 지켜보고 바라보며 새로운 삶을 준비하는 것을 암시하고 있다. 지구인은 전쟁 기계와 교감하고 나비족은 자연과 교감한다. 지구인들이 강력한 무기를 앞세워 우월감을 드러내고 있지만 사실을 알고 보면 죽음을 보호하려는 두려움 때문에 더 강한 무기를 만들고 있다. 현재의 강대국들이 최신 무기를 만들고 있는 것을 보면 이해할 수 있을 것이다.
파커라는 인물은 돈과 힘을 가진 최고의 권력자를 상징한다. 군인 중에서도 가장 강하다는 해병을 움직일 수 있는 권력자이며 그리고 지구인의 최고 권력은 돈임을 암시하고 있다. 아바타 훈련을 받은 적이 있는가라고 묻는 그레이스 박사에게 '훈련은 필요 없다.' 라는 제이크의 단순 명쾌한 답변은 깨닫고자 하는 의지만 낼 수 있으면 오랜 시간이 필요치 않다. 지금 바로 이 순간이면 된다라는 직관적인 언어이다.
완전히 깨어있지 않은 의식에서는 육체와 아바타가 서로 교대로 움직인다. 육체가 잠들면 아바타가 움직이고 아바타가 잠들면 육체적인 삶이 된다. 육체의 의식이 지구인 에고이며 아바타의 의식이 나비족이며 영혼이다. 이 둘은 서로 같이 움직일 수가 없다. 아직 통합되지 않은 분리된 의식이기 때문이다. 예를 들어 명상을 할 때의 그 순간에는 영혼의 깨어있음으로 평화롭지만 다시 일상으로 돌아오면 마음이라는 습관적인 에고를 쓰는 것과 같다.
해병+아바타 두 조합이 쉽게 어울리지 않는 것은 에고와 영혼이 서로 다른 극점에 있음을 의미하지만 실제는 가장 가까이 근접해있다. 돈을 다 가져본 자만이 내려놓을 수 있고 명예를 가져본 자만이 내려놓을 수 있기 때문이다. 그렇지 못하다면 다 가져볼 때까지 에고를 키워야 할 것이다. 그렇지 않고 전생에 내려놓았다면 지금 비움 속에서 성장하는 길을 가고 있을 것이다. 오해하지 않아야 될 부분은 돈을 많이 가졌다고 에고가 큰 것은 아니다. 잘 쓰고 가는 성장한 영혼들도 있다.
'총 든 바보는 한 명이면 족하다.' 그레이스 박사가 한 말이다. 그런 바보들이 전세계적으로 볼 때 너무나 많다. 그 많은 바보들이 과다한 욕심으로 전쟁을 일으키고 환경을 파괴하고 있는 지금 이 시대를 풍자하는 말이다. 나비족을 방문하는 날 '그들은 우리가 온 것을 안다.

지금도 지켜보고 있을 것이다.' 방문하는 지구인이 에고이며 꿈꾸는
자이다. 나비족은 영혼이며 깨어있는 자이다. 그래서 깨어있으며
지켜보고 있다고 말하는 것이다.
판도라 행성의 식물과 동물들은 상황에 따라 반응하는 순수한
에너지들이다. 받아들이는 자가 두려움을 느끼면 그 두려움은 커지고
교감이 되지 않은 상태에서 식물에 손을 대면 작아져 버린다. 모든
생명체에는 혼이 있다. 인간에게 영혼이 있고 식물에겐 생혼, 동물에겐
각혼이 있다. 판도라 행성 전체가 서로 혼으로 연결된 생명체이다.
나비족은 자연을 대할 때도 혼을 대하듯 존중한다. 'I SEE YOU' 나는
당신과 교감하고 당신의 영혼을 봅니다.
제이크가 동물들에게서 방어하기 위해 횃불을 만든 것을 네이티리가
'이곳에서는 이런 것이 필요하지 않다.'고 뺏어서 던져 버린다. 에고들은
어둠을 두려워한다. 언제 부딪칠지 모르는 두려움 때문이다. 그렇지만
깨어있는 자에게 어둠은 더 이상 두려움이 아니다. 깨어있기 때문에
어둠과 감정적으로 부딪칠 이유가 없는 것이다. 놓치지 말아야 할
장면은 두려움 속에서도 제이크가 당당하게 맞서고 있는 부분이다.
피하거나 회피하지 않고 맞설 때 감정을 이겨낼 수 있으며 다음
의식으로 점프할 수 있다.
네이티리가 제이크에게 '너는 강한 영혼을 지녔어. 하지만, 아이 같이
시끄럽기만 하고 뭘 해야 될지 모른다. 바보이며 멍청하다.'고 하는 것은
깨달은 자는 많은 말을 하지 않는다. 그저 교감할 뿐! 깨닫지 못하고
에고적인 사람만이 잘난 척 많은 척 아는 척 하는 것이다. 가난하기
때문에 허세를 부리는 것이다. 네이티리의 말을 알아듣지 못한 제이크는

'영어를 어떻게 배웠지'라며 신기해 한다. 이기적이며 자아도취적인 에고적인 모습이다. 나비족이 영어를 쓸 수 있다는 것을 지혜로운 것으로 받아들이지 못하고 오히려 많은 에고적인 사람들이 영어를 배우고 말하는 것만이 지성인인 것처럼 착각을 하는 것이다.
제이크의 상처를 힐링하는 순수한 영혼들을 통해 제이크는 받아들일 준비가 되어있는 감각이 깨어있고 열려있는 상태임을 알려준다. 두꺼운 에고 때문에 감각이 닫혀 자연을 있는 그대로 받아들이지 못하고 마스크를 써야만 호흡 할 수 있는 지구인들의 모습이 지금의 현실과 다르지 않다. 우리가 가진 모든 질병은 사실 외부와의 단절, 소통의 부재 때문이다. 감정적으로 닫혀있기 때문에 우주의 순수한 에너지 치유의 에너지를 받아들일 수 없는 것이다.
나비족에 도착한 제이크를 보며 "가득한 잔을 채우기란 불가능하지, '꿈꾸는 자'를 왜 데리고 왔느냐."고 네이티리의 어머니가 한 말이다. '꿈꾸는 자'는 '깨어있는 자'의 반대이다. 잠든 사람만이 꿈을 꿀 수 있으니 '꿈꾸는 자'는 아직 잠을 자고 있다는 뜻이다. 감정 속에 에고 속에 있음을 나타낸다. 꿈은 마음에서 일어나는 것을 이루려고 한다. 이루려고 하는 것은 욕망이다. 그래서 '꿈꾸는 자'를 깨우치게 하느니 돌맹이를 가르치는 게 나을지도 모른다. '꿈꾸는 자'는 현재를 살 수 없다. '깨어있는 자'는 지금 이 순간을 살고 집중할 뿐 이룰 필요가 없는 이미 그 자체로 완전한 존재임을 알고 있다.
나비족의 보이지 않는 최고 결정권자는 네이티리의 어머니이다. 아버지는 보여지는 권력이지만 어머니는 보이지 않은 사랑이기 때문이다. 나비족의 긴 꼬리는 원시적 자연적이며 에고적으로 타락하기

이전의 본질적인 모습을 의미한다. 나비족이라고 모두가 성장한 영혼은 아니다. 쯔테이는 아직 성장 중인 과정에 있는 영혼이다. 아직 질투와 분별, 자만이 남아 있다.

제이크의 아바타가 나비족에 와 있는 동안 그레이스 박사와 지구인들은 제이크가 죽었다고 생각한다. 육체는 숨쉬고 있지만 아바타(영혼)가 깃들어 있지 않은 제이크의 육체는 죽어있음을 의미하기 때문이다. 아바타가 돌아왔을 때 비로소 살아있음이 되는 것이다. 그래서 '혼비백산' 영혼이 빠져나가면 육체는 사라진다는 말이 있다.

지구인들이 홈트리 아래에 있는 돈이 되는 물질에 관심이 있지만 그것을 얻기 위해서는 빼앗을 수 있는 정당한 이유가 필요하다. 돈을 가진 최고 권력자인 파커는 이미지가 나빠지는 것을 두려워한다. 그리고 빼앗고 나서는 교육을 할 수 있는 학교와 치료를 하고 약을 주는 병원을 지어주려고 한다. 미국이 말하는 교육이라는 게 알고 보면 미국 우월주의의 세뇌이다. 그리고 약은 생명이 있는 육체에만 필요할 뿐 이미 죽음을 초월한 나비족에게는 그러한 것에 관심이 없다. 그렇지만 지구인들은 자신들의 관점으로 착각을 하고 있는 것이다.

제이크가 자신은 이크란을 언제 탈 수 있느냐고 물었을 때 "네가 준비가 되었을 때." 라고 말한다. 그것은 운이 좋아서 저절로 오는 것이 아니라 그 과정을 스스로 만들어야 한다는 뜻이다. 그리고 이크란과 눈을 마주치지 말라고 한다. 눈은 마음의 창이라는 말이 있다. 투르크 막토 다음으로 강한 이크란도 권력이고 에고이지만 그것을 다스릴 수 있는 깨어있는 자에겐 운전 면허증을 딴 자가 자동차를 타고 즐기는 것과 같다. 그렇지만 때가 되지 않아 운전을 배우지 않은 자에겐 그것은 죽음이 될 수 있다. 죽음을 두려워하지 않을 때만이 눈을 마주칠 수 있고 이크란을 탈 수 있다는 뜻이다. 그것을 탈 수 있을 때 비로서 초월이 일어난다.

제이크가 나비족은 아침의 시작이 매우 빠르다고 하는 것은 잠들지 않고 깨어있음을 상징하는 말이다. 보통 잠이 많다는 것은 게으르다는 것인데 게으르면서 깨달을 수는 없다는 의미이기도 하다.

제이크가 이크란을 타기 전 "이크란이 아마도 너를 죽일려고 할 껄." 네이티리가 한 말은 죽을 각오로 한다면 초월 할 수 있다는 뜻이며 그 이후에 비로서 자유로운 영혼이 될 수 있다는 뜻이다. '문제는 더 센 놈도 있다' 더 큰 두려움은 하늘 아래 자기 밖에 없는 최고의 권력과 명예, 돈을 의미하는 트루크 막토이다. 마지막 그림자는 마지막 허상이다. 많은 사람들이 그 허상을 쫓을 뿐 그 자리에 앉아 그것을 다스릴 수 는 없다. 오직 깨달은 자만이 그것을 자유롭게 다스릴 수 있다. 우리나라 민화에 보면 깨달은 도인 옆에 얌전히 앉아있는 호랑이 그림을 본적이 있을 것이다. 그 호랑이가 트루크 막토이다. 감정이고 관념이고 에고이다. '닥치고 똑바로 날아' 이크란을 탄 준비된 제이크는 에고에 끌려다니지 않고 에고를 타고 즐기며 지배하고 있다.

육체에서 아바타를 경험한 제이크는 "협상도 않을 것이며 맥주, 청바지, 우리한텐 저들이 원하는 것이 없다." 이미 있는 그대로 완전하고 풍요롭기 때문에 원하는 것이 있을 수 없을 것이라고 "이곳에서 하는 모든 것은 시간 낭비 일 뿐이야." "모든 것이 뒤바뀌었다."고 말한다. 육체의 삶에서 아바타로 에고의 삶에서 영혼을 깨닫고 지구로 돌아가서 다리를 얻을 수 있다는 제안도 뿌리치고 나비족에서 성인이 되는 의식을 선택하게 된다. 육체와 아바타의 갈등은 아바타의 삶으로 방향이 전환되면서 더 이상 꿈 꾸는 자들로 가득한 지구로 돌아가고 싶지 않은 것은 당연한 것이다. 한번 깨어있음을 경험한 자는 삶을 바라보는 관점이 달라지기 때문이다.

하늘의 사람들이라는 지구인은 최고라고 생각하는 하늘을 나르는 것만으로도 제압했다고 여기는 환상을 갖고 있다. 그리고 원하는 게 있으면 적으로 규정하고 뺏으면 된다고 지구 속의 강대국들의 논리를 꼬집고 있다. 영화는 육체 ···▸ 아바타의 걸음마 ···▸ 말타기 ···▸ 나무 위를 달리고 ···▸ 뛰어내리면서 새를 타기 위한 과정 ···▸ 새를 타면서 자유로운 영혼이 되는 영혼의 성장 단계를 표현하고 있다. 나비족이 말하길 사람은 첫 번째 육체적인 삶에서 두 번째 영혼적인 삶으로 태어난다고 한다. 제이크는 핏줄이 아닌 영혼의 깨달음으로 부족의 일원이 되고 이를 축복하는 신성한 의식은 서로의 어깨 위에 손을 얹으며 하나된 의식으로 말 대신 느낌으로 교감 한다.

나비족들이 연인을 선택하는 기준은 가진 돈이 얼마인가? 얼굴이 예쁜가? 보다는 노래를 잘해, 사냥을 잘 해라는 일상적인 기준이다. 네이티리를 선택한 제이크가 네이티리와의 사랑 이후 '내가 지금 뭐하고 있는 거야.' 그저 흐름을 따른 것이 아니라 섹스에 대한 죄의식, 인간적인 관념이 작동한 것이다. 자연적인 교감을 따른다면 죄의식을 가질 필요가 없다. 죄의식이 든다면 자연적인 교감이 아니었던 것이다. 제이크는 사랑이 아닌 협상을 하러 나비족에 온 것이었기 때문에 죄의식을 가진 것이다.

지구인들이 나비족을 공격하며 네이티리와의 갈등은 깊어지고 사랑과 평화를 지켜야하는 제이크는 비로소 또 한번 더 큰 성장을 해야 하는 시기가 찾아온다 회피하고 피할 수도 있지만 '지금까지의 나는 꿈 속에서 평화를 지키는 전사였다. 그러나 지금은 깨어나야 한다.' 무슨 계획이 있냐는 질문에 아무런 계획이 없다면서도 그냥 움직이는 제이크는 이미 통찰력을 가졌고 직관적으로 움직이고 있다 영혼은 성장할수록 더 큰 시련이 기다린다고 한다. 그래서 시련과 고통도 그 사람의 수준에 맞게 찾아오는 것이다. 이 전쟁을 끝낼 수 있는 단 하나의 방법은 최고의 권력이면서 모든 것에서 초월할 수 있는 트루크 막토를 타고 다스리는 것이다. 그렇지 않으면 사랑과 평화를 되찾을 수 없다. 두려움을 피해 가지 않고 불가능을 뛰어넘어 트루크 막토를 타고 다스릴 수 있는 제이크는 거만함 대신 겸손과 하심으로 쯔테이에게 다가가 자신도 참여할 수 있도록 허락해달라고 한다. 이미 자신이 감당하기에는 너무나 벅찬 에너지를 가진 자가 하심으로 다가온다면 무력보다도 더 충격으로 다가오지만 이내 그 속에는 평화와 수용의 에너지로 변화가 일어나고 있다.

"에이와는 누구의 편도 들지 않아 중립을 지킬 뿐이지." 제이크에게 네이티리가 들려주는 말이다. 에이와께서는 편을 들지 않는다 세상의 균형을 지킬 뿐이다. 단지 전쟁을 일으키는 것도 인간이고 평화를 만드는 것도 인간의 몫이다. 순수한 에너지를 인간들이 어떠한 의식으로 사용하는지가 중요한 것이다. 신은 여신 남신의 개념이 아니다. 단지 인간들의 관념이 만들어낸 것일 뿐이다. 신은 어느 한쪽에도 치우치지 않은 중성이 더 적절한 표현이다. 하늘에 계신 아버지 하나님이라고 하지만 하늘에 계신 어머니 하나님이라고는 하지 않는 것은 모순이다.

사랑은 여성에 더 가깝기 때문이다. 신을 어떻게 부르든 호칭은
중요한 것이 아니다. 신은 언어가 없어도 이미 존재하는 언어이전이기
때문이다. 무엇이라 부르며 비교하고 판단하는 것은 남자들이 힘으로
여자들을 지배하기 위한 이기적인 마음이 작용한 것이다. 교류와 소통이
단절된 인간과는 달리 자연은 신의 명령을 듣고 있는지도 모른다.
"에이와가 너의 기도를 들어줬어." 새와 동물들이 지구인을 공격하는
장면은 나무를 자르고 뽑고 훼손하는 인간들에게 홍수와 가뭄, 지진과
태풍으로 경고를 보내고 있는 것과 같은 것이다.
그레이스 박사가 총을 맞고 죽어가면서 "난 과학자야. 요정 같은 허구는
안 믿는다."라고 말하면서 영혼의 나무 아래에서는 그 존재를 인정하게
된다 과학자의 의식은 실험을 통해 입증된 것만 믿는다는 뜻이다.
그렇다면 이세상에는 입증되지 않은 것이 더 많다는 것을 안다면
그들은 모르는 게 더 많다는 의미가 되기도 한다. 그리고 해병의 가장
강한 대령도 결국엔 죽지만 최고 권자력인 파커는 그래도 죽지 않고
마지막까지 남는 장면은 이 시대의 권력의 현실하고도 비슷하다.
대령의 공격을 받고 호흡이 힘들어 하는 제이크의 육체를 발견하고
직관적으로 알아보는 네트리의 눈에는 간절함과 사랑이 가득하다.
'I see you' 육체적으로 불구자인 제이크를 비교하거나 분별하는 것이
아닌 있는 그대로의 그대를 존중합니다. 그대의 영혼을 느낍니다.
제이크라는 육체가 아닌 영혼을 바라보며 사랑을 확인하고 교감한다.
제이크 또한 육체의 눈으로도 네트리를 알아본다 비로소 영혼의
완전한 깨어남을 의미한다. 그레이스 박사는 육체를 벗어난 죽음에서
아바타로 옮겨 가지 못했지만 제이크는 스스로 '이제 나비족으로

돌아가려고 한다.' 죽음이 두려운 것이 아니라 스스로 죽음을 선택하고 있는 것이며 육체와 영혼이 통합된 의식으로 마지막에 아바타가 눈을 번쩍 뜨는 장면은 생과 사를 초월한 영원한 삶 신성의 단계를 말한다. 아바타의 속편이 기다려지는 이유는 바다 속을 탐험하듯 나를 알아가는 신비와 우주를 품은 차원 높은 거장 감독의 영혼을 깨우는 메시지가 담겨 있기 때문이다.

효녀 심청(心淸)

심봉사의 딸로 태어나다

허봉사, 김봉사 윤봉사도 아닌 심봉사인 것은 마음을 비우지 못하고 어둡고 무겁다는 것을 표현한 것이다. 쉽게 말해서 아직 깨닫지 못한 상태를 말하고 있다. 이청, 박청, 최청도 아닌 왜 심청일까? 마음이 비어있고 맑다는 뜻은 깨달음을 표현한 것이다.

어머니를 잃고 동냥 젖을 먹고 자라다

어렵고 힘든 상황 속에서 많은 사람들의 도움을 받고 자라나고 있는 것은 우리 모두는 서로 연결되어 돕고 있다는 사실이다. 그래서 주위의 모든 사람들이 스승이 된다. 젖 동냥만 먹는 것이 아니라 사실 의식을 공유하는 것이다. 그리고 먼저 떠난 어머니는 심청의 영적인 안내자이다. 성장할 수 있는 조건을 만들어주고 떠난 것이다. 어머니가 살아 있었다면 심봉사를 돌봐 주었을 테니 굳이 심청이가 인당수에 몸을 던질 일도 생기지 않았을 것이다. 그렇다면 시련과 고통은 의식성장의 영양분이니 회피하거나 두려워 말고 감사하게 받아들여 보라. 그 순간 변화가 시작 될 것이다.

심봉사와 이별하고 인당수에 몸을 던지다

왜 하필 마당, 황당, 꽈당도 아닌 인당이라고 했을까? 인체의 양 눈썹 사이에 있는 혈을 인당이라고 한다. 부처의 눈 사이에 찍혀 있는 점을 말한다. 제3의 눈, 의식의 눈, 지혜의 눈, 영혼의 눈이라고도 한다.

인간의 몸에는 밖을 바라보는 눈이 2개 있으며 안을 바라보는 눈이 1개 있다. 밖을 바라보는 육체의 눈을 감는 순간 안을 바라보는 제 3의 눈이 작동하게 된다. 그래서 명상을 할 때 눈을 감는 것은 내면의 세계에 집중하기 위함이다. 눈을 감고 잠든 사람이 영상을 바라볼 수 있는 것은 이 눈 때문에 가능한 것이다. 인도 여성들이 30대 후반에서 40대가 넘게 되면 이곳에 붉은 점을 찍는다. 그 이유는 이제 아이들을 보살피지 않아도 스스로 움직일 수 있는 나이가 되었으니 난 내면세계로 들어가 깨달을 준비가 되었다라는 표시이다. 그리고 주위 사람들은 그 표시를 보고 존중해 준다. 이 얼마나 아름다운 문화인가? 자기가 키운 아이를 믿을 수 없으니 끝까지 따라다니며 돌봐 준다는 핑계로 귀찮게 하는 이 시대의 다른 어머니들과는 의식 레벨이 다른 문화이다. 어쨌거나 심청이는 인당수에 몸을 던졌으니 죽어야겠지만 죽으려고 하는 자는 살고 살려고 하는 자는 죽는다는 말이 있듯이 육체가 아닌 깨어남을 선택한 심청은 죽지 않는다.

심청이를 보내고 가슴을 치며 마음 아파하는 심봉사는 마음의 세계에 살고 있으며 결코 의식의 세계를 이해 할 수 없다. 그러한 이유 때문에 심봉사는 심청이를 잃은 줄 알고 힘들어 하고 있는 것이다.

용궁으로 가는 심청

두려움 속에 육체를 내려놓고 죽음을 선택한 심청은 자신이 죽지 않았음을 알게 되고 오히려 극진한 대접을 받으며 용궁으로 가게 된다. 죽음이라는 허상을 깨고 이 때부터 용궁이라는 내면세계를 체험하게 되며 그 곳은 신비롭고 자유로우며 있는 그대로 풍요로운 곳이다.

명상을 해 본 사람이라면 그 느낌을 알 것이다. 내면세계는 용궁이다. 그 곳에서 3년 동안 수련을 한 뒤 깨달음을 얻고 다시 세상으로 나오는 심청.

다시 연꽃으로 태어난 심청은 왕비가 된다

연꽃은 정화 작용을 하며 깨달음을 상징한다. 왕비가 된다는 것은 모든 것을 다 가진다는 의미와 풍요로움을 뜻하기도 한다. 깨닫고 나면 물질적인 것을 다 가져서 부자가 되는 것이 아니라 그냥 있고 없고 상관없이 있는 그대로 부자가 되는 것을 말한다. 많은 것을 가질 수도 있는 자리이지만 많은 것을 나눌 수 있는 자리이기도 하다. 그래서 권력이나 부에 집착하는 자는 끌려 다닐 것이고 깨달은 자는 나누며 자유로울 수 있는 것이다.

전국의 봉사들을 모아 잔치를 여는 심청

심청이 아버지 하고 부르는 소리에 눈을 뜨는 심봉사. 상식적으로 봉사를 부른다고 눈을 뜰 수 있겠는가? 그리고 주위에 서있거나 앉아서 웃거나 음식을 먹던 다른 봉사들도 한 순간에 눈을 뜨게 된다는 말은 다름아닌 심청이가 많은 봉사들의 의식을 깨우는 깨우침의 강연을 하였다는 뜻이다. 그래서 술과 재물을 탐하는 욕망적인 에고를 뺑덕어미로 표현하였으며, 심청이 있는 궁궐로 가지 않고 뺑덕어미라는 에고를 따라간 황봉사만 눈을 뜰 수 없었던 것이다. 의식의 눈을 뜬 온 나라 심봉사들이 심청이가 되어 춤추고 노래하였으며 국모인 왕비 심청은 멘토가 되어 칭송 받게 되었다는 뜻이다.

공

살다 보면 알게 돼 일러주진 않아도
너나 나나 모두다 어리석다는 것을
살다 보면 알게 돼 알면 웃음이 나지
우리모두 얼마나 바보처럼 사는지
잠시 왔다가는 인생 잠시 머물다 갈 세상
백 년도 힘든 것을 천 년을 살 것처럼
살다 보면 알게 돼 버린다는 의미를
내가가진 것들이 모두 부질 없단 것을
띠리 띠리띠리리리 띠 띠리띠 띠리
띠리 띠리띠리리리 띠 리띠리 띠디디

살다 보면 알게 돼 알고 싶지 않아도
너나 나나 모두다 미련하다는 것을
살다 보면 알게 돼 알면 희미해져도
그런대로 살만한 세상이라는 것을
잠시 스쳐가는 청춘 훌쩍 가버린 세월
백 년도 힘든 것을 천 년을 살 것처럼
살다 보면 알게 돼 비운다는 의미를
내가 가진 것들이 모두 꿈이었다는 것을
모두 꿈이었다는 것을
띠리 띠리띠리리 띠 띠리리리리

띠리 띠리띠리띠리 띠리리 리리리리리

나훈아의 공이라는 노래의 가사이다. 1절과 2절은 자신의 깨달음을 이야기 한 것이며 그 와 같은 깨달음을 언어로써는 설명할 수 없는 느낌을 띠리 띠리리로 표현해 놓은 것이다.

도서

에고와 존재에 대한 명확한 정리 에크하르트 톨레의 삶으로 다시 떠오르기, 자유롭고 신비로운 존재의 발견 그리고 지구의 가치와 깊은 깨달음 오쇼 라즈니쉬의 지구를 살리는 마지막 메시지, 죽음에 대한 두려움이 평온한 여행으로 받아들일 수 있는 마이클 뉴턴의 영혼들의 여행, 영혼과 차크라 그리고 감정에 대한 정리 캐롤라인 메이스의 영혼의 해부, 마음을 알고 길들이는 아잔 브라흐마의 술취한 코끼리 길들이기, 내가 누구인지 모르는 자신의 문제를 통해 나를 알아가는 디팍 초프라의 우주 리듬을 타라, 실패의 두려움 때문에 자신을 가두었던 것에서 벗어나 순수한 의식으로 자신 안의 완전한 사랑을 펼쳐 보이는 돈 미겔 루이스의 사랑하라 두려움 없이, 에이스 벤츄라, 브루스 올마이티, 라이어 라이어, 등의 감독이며 세상에 대한 답을 찾겠다'는 목적으로 만든 다큐멘터리 〈I AM〉을 만들었다. 가진 것을 내려놓고 참살이의 깨달음에 이른 자신의 삶에 대한 고백 톰 새디악의 두려움과의 대화.

영화

감정과 마음이라는 가상의 세계를 깨닫고 내면의 평화로운 신성을 통해 세상을 구원하는 매트릭스, 지구 평화와 영혼의 성장을 안내하는 아바타, 동물적인 욕망의 오크족과 신성적인 평화의 엘프족, 신성을 향해 나아가는 인성적인 호빗족을 표현한 반지의 제왕, 지배와 욕망으로 물든 화려하고 강한 에고의 폭탄과 맞서 비움을 통해 이겨내는 내면의 평화 쿵푸팬더.

지구와 영혼을 노래한 가수

콘서트에 가보면 인형을 들고 가거나 공연하는 가수의 사진이나 마스코트를 들고 가는 경우가 많다. 그렇지 않은 가수의 콘서트도 있었다. 무대 양 옆에 커다란 지구가 있고 그것도 부족해서 무대 정 중앙 바닥에서 커다란 지구가 올라오면 양 옆으로 전세계 민속의상을 입은 아이들이 각 국가를 대표해서 서로 손을 맞잡고 원을 그리면서 지구를 중심으로 '우리 모두는 하나다'라는 메시지를 보낸다. 콘서트장을 가득 메운 사람들은 서로의 머리위로 손을 맞잡고 전쟁과 무기가 사라져야 하고 세상의 치유와 지구의 평화를 담은 힐 더 월드를 함께 노래한다. 부모를 따라온 아이들은 지구본을 들고 음악에 맞춰 가수와 메시지를 교감한다. 그리고 전쟁으로 인해 죽어가는 아이들과 파괴되는 자연 환경은 누구의 책임인가? 이제 전쟁은 그만! 사랑과 평화의 메시지를 담은 지구의 노래를 부른 그 가수는 마이클 잭슨이다.

세상적 관념의 기준이 되는 돈이 많거나 유명한 가수 혹은 아름다운 배우이거나 잘생겼다고 하는 이러한 에고를 바탕으로 의식적인 깨어남이 동반될 때 그들의 삶은 더욱 빛이 날 수 있을 것이다. 마이클 잭슨은 개인적인 삶의 변화뿐만 아니라 세상의 불행과 고통을 치유하고 나아가 더 많은 이들에게 의식적인 깨우침을 나눴다.

분리가 아닌 우리 모두는 하나라는 인류애를 노래한 존 레논의 Imagine

천국이 없다고 상상해봐요. 마음만 먹으면 어렵지 않아요.
우리 아래에는 지옥도 없고 머리 위에는 오직 하늘뿐이고 모든 사람들이
오늘 하루를 위해 살아간다고 상상해보세요.
국가라는 것이 없다고 상상해봐요. 어렵지 않게 떠올릴 수 있어요.
누구를 죽이거나 목숨을 바쳐야 할 일도 없고 그렇게 만드는 종교도
없을 거에요. 모든 사람들이 함께 평화롭게 살아간다고 상상해봐요.
내가 꿈을 꾸고 있다고 말하겠죠. 하지만 나만 그런 꿈을 꾸는 것은
아니에요. 언젠가 우리가 함께 하길 바래요. 그러면 세상은 하나가 될
거예요. 아무것도 소유하지 않는다고 상상해봐요.
당신이 할 수 있을지 모르겠어요. 욕심을 부리거나 굶주릴 필요가 없고
인류애만 남는 거예요.
모든 사람들이 온 세상을 함께하는 상상을 해봐요. 내가 꿈을 꾸고
있다고 말하겠죠. 하지만 나만 그런 꿈을 꾸는 것은 아니에요. 언젠가
우리 함께 하길 바래요. 그러면 세상은 하나가 될 거에요.

천국이 없다고 상상해봐요. 당연히 지옥도 사라지게 된다. 그렇다면
미래에 대한 두려움 없이 지금을 즐겁게 살아갈 수 있다. 국가라는 것이
없다고 상상해봐요. 당연히 총을 들고 적을 죽이거나 목숨을 바쳐야
할 일도 사라지게 된다. 무지한 사람들은 말을 할 것이다. 다른 나라가

쳐들어온다면 누가 지켜줄 것이냐고, 그 다른 나라도 없다면 간단하게 해결되는 문제이다. 죽음에 대한 두려움과 죽음 이후에 천국으로 안내해주고 봉사한다는 이유로 종교가 있어왔지만 국가와 국가간에 전쟁이 없다면 이미 세상은 평화롭고 천국에서 살고 있는 것이다. 그렇다면 모든 사람들이 지옥에 대한 두려움도 국가를 위해 죽을 일도 없으니 모두가 함께 평화롭게 살 수 있다. 소유가 없다면 게으르고 힘센 사람들이 다 차지하는 것이 아니냐고 말 하겠지만 처음부터 인간의 마음에 소유와 경쟁이라는 것을 세뇌하지 않았다면 당연히 욕심을 부리지도 않고 평화롭게 살아갈 것이다.

존 레논은 이러한 평화로운 세상을 노래한다. 그리고 나만 그런 꿈을 꾸고 있는 것이 아니라고…….

9. 마음 길들이기

멈춰

어두운 밤 길을 걷다가 갑자기 무서운 생각이 들면 갑자기 더 무서워
지는 건 마음이 만들어 낸 관념이 작동하고 있기 때문이다. 반면
행복하고 즐거운 생각을 한다면 그러한 에너지가 만들어 질 것이다.
이렇듯 마음에 끌려 다니지 않고 자유로워지기 위해서는 마음
길들이기를 해야 한다. 일어날 때도 그냥 일어나지 말라. 잠시 틈을 두고
일어나 라고 명령을 하고 몸을 움직여라. 습관적으로 아무 생각 없이
움직이는 것이 아니라 몸과 정신을 분리해서 움직이라는 뜻이다. 멈춰
기다려 움직여 라고 말을 하고 난 다음에 움직여라. 그 짧은 순간에
각성이 일어나는 것을 경험하게 될 것이다. 반복하다 보면 마음이
길들여지고 있음을 느낄 수 있을 것이다. 화내지도 즐거워 하지도 말라.
그저 침묵 속에서 생각이 떠오르는 것을 지켜보라. 식사를 할 때도 멈춰
밥 먹어 김치 먹어, 깻잎 먹어 라고 명령을 하고 먹도록 해보라. 그대가
아이들에게 되는 것과 안 되는 것을 길 들이고 있듯이 그대의 몸과
마음에게 명령을 하고 움직이도록 하는 것이다. 유치하다 생각하지말고
연습하다 보면 마음은 그대가 아님을 알게 될 것이다. 지금까지는
생각과 감정이 나였었지만 분리가 일어나면서 명령하는 자 대로 움직일
수 있을 때 마음이 아닌 그대가 중심이 될 것이다.

원숭이

중국에서는 마음을 원숭이에 비유했다. 잠시도 가만히 있지 않고 움직이고 있기 때문이다. 얼굴을 긁거나 눈을 돌리고, 이 나무에서 저 나무로 다시 다른 나뭇가지로 옮겨 다니다 건너고 뛰어넘다 떨어지고 상처가 나겠지만, 좋아지고 나면 까먹고 다시 반복해서 왔다 갔다 정신없이 움직인다. 인간의 마음도 이와 다르지 않을 것이다. 좋아했다가 싫어하고, 다시 좋아하다가 상처 받고, 이것하고 저것하고 잠시도 가만히 있지 않으면서 움직이는 게 원숭이의 모습과 다르지 않다고 표현한 것이다. 마음은 잡을 수가 없다. 감정 따라 수시로 변하기 때문이다. 마음이 움직일 때는 그저 가만히 있으면서 지켜보라. 원숭이가 움직이는 것을 지켜보듯이 처음에는 분리되지 않고 이해가 되지 않을 것이다. 그렇지만 해보라. 조금씩 변화가 있음을 알게 될 것이다. 원숭이로 살 것인지 원숭이의 조련자가 될 것인지는 그대에게 달려있다.

코끼리

태국에서는 마음을 코끼리에 비유했다. 길들여지지 않은 코끼리는 무섭기 때문이다. 그렇다. 마음은 이와 같이 무서운 것이다. 그래서 이런 책도 있다. '술 취한 코끼리 길들이기' 힘세고 길들여지지 않은 코끼리가 술까지 먹었다면 어떻게 되겠는가? 그래서 길들이지 않은 마음은 많은 사람들을 다치게 할 수 있다. 술 취한 코끼리 길들이기는 마음 길들이기와 같은 말이다. 그대가 분노하고 미친 듯이 날 뛰거나 상처가 될 말들을 마음대로 하고 다닌다면 술 취한 코끼리가 되는 것이다. 더 많은 사람들이 다치지 않도록 이제부터는 길을 들여야 할 것이다.

호랑이

한국에서는 마음을 호랑이에 비유해 놓았다. '호랑이에게 물려가도 정신만 차리면 산다.' 사실 호랑이에게 물려가면 웬만큼 정신을 차려도 살아날 수 없다. 그래서 직접적인 호랑이가 아니라는 사실을 알 수 있을 것이다. 그 호랑이는 마음으로 표현되었으며 얼마나 무서운지를 알려주고 있는 것이다. 호랑이라는 마음에 감정이 쌓이면서 관념이 된다면 정신이 깨어날 수 없다.

민화에 보면 흰 수염을 기른 도인 옆에 길들여진 듯 다소곳이 앉아있는 호랑이 그림을 본 적이 있을 것이다. 깨달은 자, 깨어있는 자는 호랑이라는 감정을 잘 다스리고 있음을 나타내고 있다. 그래서 도인의 표정은 잔잔한 미소와 함께 너무나도 평화로워 보이는 것이다.

10. 명상 코리아

남해 바래길

위로는 맑고 푸른 산이 있고 아래로도 맑고 푸른 바다가 있는 중간 길을 걷게 된다. 그렇게 산의 기운과 바다의 기운이 만나는 길을 걷다 보면 어느 듯 기분 좋은 땀이 흐르면서 생각과 감정이 사라진다. 아직 도착 할 곳이 멀었나? 라는 생각이 떠오른다면 아직 온전하게 비워지지 않은 마음의 소리이니 무시하고 걷고 있는 그 순간에만 집중해보라. 곧 마음이 텅 빈 듯 가벼워질 것이다. 오직 걷고 있는 그 순간에만 집중 하다 보면 침묵 속에서 텅 빈 그대 존재를 만나는 경험을 하게 될 것이다.

남해 다랭이 마을 해안 바위

바래길을 걸어와서 또 다음 목적지를 향해 움직이지 말고 파도가 부딪치는 바위 위에 앉아보라. 촉촉히 베인 땀을 식히면서 바다에서 불어오는 바람과 파도 소리에 몸을 맡겨보라. 흐르던 땀이 조금씩 마르면서 몸이 사라지는 것을 느낄 수 있을 것이다. 생각도 사라질 것이다. 감정도 사라질 것이다. 마음도 사라지고 앉아있던 그대도 사라질 것이다.

제주 사려니 숲길

신성한 숲길이라는 뜻이며 그대가 산책을 하면 신의 산책로가 되는 것이다. 이곳은 편백나무, 삼나무 등 신비하고 다양한 수종의 자연림이 울창하게 자라고 있다. 나뭇잎 사이로 스며드는 햇빛은 무겁고 답답한 가슴을 따듯하게 열어줄 것이다. 안개가 끼거나 가는 비가 부슬부슬 내리는 날엔 그 신비로움이 가슴을 텅 비게 만든다. 걷다 보면 발걸음을 옮기던 몸은 사라지고 가늘게 내리는 촉촉한 비가 되고 신비한 바람이 되어 나는 사라지고 자연과 신과 하나가 되는 곳이다.

제주 비자림

천 년의 숲 비자림을 바라보면서 떠 오른 것은 영화 아바타의 숲이었다. 이 숲 속을 걷다 보면 순간 내 영혼의 아바타가 길을 걷고 있다는 느낌이 든다. 하늘을 가린 2,800여 그루의 나무 줄기와 잎들은 미지의 탐험을 안내 하듯 신비한 터널이 된다. 비자나무에서 뿜어져 나오는 피톤치드를 온 몸으로 호흡하면서 걸어보길 바란다. 밟고 다니는 탐방로의 송이는 화산 쇄설물로 인체의 신진대사 기능을 촉진하는 알카리성의 천연 세라믹이라고 한다. 신발을 벗고 맨발로 걸어보는 것도 좋다. 천 년의 원시림 속으로 들어가다 보면 아바타의 소울 트리처럼 대자연의 신비가 깃든 거대한 비자나무를 만나게 될 것이다. 이제 내면의 소리에 집중해보길 바란다. 그 공간에서라면 잊고 지냈던 그대 영혼의 소리를 들을 수 있을 것이다. 깨어남으로 걷다 보면 빗물이 암석을 통과하면서 점점 깨끗해져 삼다수가 되었다고 하는 비자림 약수터가 나올 것이다. 이 곳에서 물을 한 모금 마셔보라. 몸이 맑게 정화되면서 밝고 당당하게 현실로 걸어 나오게 될 것이다.

가평 용추 계곡

계곡을 따라 양 옆에는 푸른 숲이 있다. 크고 작은 바위를 타고 부드럽게 굽이쳐 내려오는 물줄기를 따라 마음도 흘러가도록 내버려두라. 그대는 물이 되어 시원한 바람이 이끄는 대로 어디든지 갈 수 있다. 나를 고집하지 말고 모든 것을 흐르는 물에 맡겨라. 정체되지 않는 자유로운 물처럼 흐르다 보면 딱딱하게 굳어 있는 자신의 고집, 내려놓지 못하는 집착, 내 마음대로의 이기심을 바라보게 될 것이다. 더 이상 미련을 두지 말고 내려놓고 흘려 보내고 비워라. 새롭게 태어날 것이다. 아니면 아이들을 데리고 공기 좋은 곳에서 고기를 구워먹거나 동료들끼리 정신 없이 술을 가득 채워서 올 수도 있을 것이다. 잠시 기분 좋은 포만감을 느낄 수는 있겠지만 의식적인 변화는 경험할 수 없을 것이다. 변화는 선택이다. 무엇을 할지는 그대가 결정하라!

가평 행현리 잣나무 숲길

하늘을 가릴듯한 수만 그루의 나무 사이로 스며드는 밝은 햇살과 잣나무 향기를 맡으며 걸어 보라. 산 정상을 오르기 위한 산행이 아니라 내면을 힐링 하듯 천천히 걸음을 옮기며 조급한 마음을 다스려 보는 것도 좋을 것이다. 새소리 바람소리를 타고 다람쥐가 잣을 물고 사라지는 모습을 따라 걷다 보면 나도 마음도 사라지고 없을 것이다. 이제 과거의 나는 사라지고 새로운 내가 태어날 것이다. 샤워를 하듯 잣나무 숲에서 내뿜는 맑고 청량한 향기를 받아들이다 보면 나무처럼 환경이나 조건을 탓하지 않고 삶을 침묵하며 우직하게 성장할 수 있을 것이다.

11. 신성으로 하나되기

모르는 자

생각이 나라고 아는 자, 감정이 나라고 아는 자, 소유물과 동일시 하며 그것이 나라고 아는 자는 모르는 자이다.

아는 자

생각이 내가 아님을 알고 감정이 내가 아님을 알고 오직 깨어있는 의식만이 나 임을 아는 자. 다른 사람 속에도 생각과 감정이 내가 아니라는 것을 아는 자가 있음을 알고 그 사람의 생각과 감정이 아닌 내면의 아는 자만을 바라보는 자. 가진 소유물을 나와 동일시 하지 않는 자. 그와 같은 통찰력으로 진리를 아는 자. 사랑을 아는 자. 평화를 아는 자. 소크라테스가 말한 너 자신을 알라의 바로 그 너가 진리이고 사랑이며 존재이고 아는 자이다. 스스로 진리가 아니라면 진리를 알 수 없고 사랑이 아니라면 사랑을 알 수 없듯 그 진리와 사랑과 평화를 안다는 것은 내가 진리이고 사랑이고 평화 그 자체임을 아는 자.

하나의 얼굴

일생을 살면서 혹은 하루를 살면서 얼마나 많은 얼굴을 하고 살아가는가? 외로운 얼굴, 기쁜 얼굴, 슬픔과 두려움, 용기와 희망 등 여러 가지의 얼굴이 있지만 하나씩 지워 나가다 보면 하나의 얼굴이 된다. 평소 어떠한 감정으로 어떤 가면의 얼굴로 살아가고 있는지 체크하고 지워나가는 연습을 해보라. 수많은 감정을 비우고 순수하고 평화로운 하나의 얼굴이 되었을 때 그것을 해탈이라고 한다.

나는 누구인가

나는 이름인가? 나이인가? 여자인가? 남자인가? 아버지의 아들인가? 어머니의 딸인가? 고향이 어디인가? 어느 학교 출신인가? 직업은 무엇인가? 키는 큰가, 작은가? 몸무게는? 얼굴이 잘생겼는가? 못생겼는가? 마누라의 남편인가? 남편의 마누라인가? 도대체 나는 누구인가? 부모 선생 친지 친구에게서 들은 수많은 정보가 모인 것을 마음이라고 한다. 무지한 자들은 그 마음을 나라고 착각하게 된다. 자유롭고 싶다면 나라고 생각하는 이 허구의 모든 정보들을 다 비워야 한다. 그래서 마음을 비우라고 하는 것이다. 진정한 나를 알고 싶다면 내 몸, 내 마음, 내 종교, 내 옷, 내 차, 내 가방, 내 집, 내 돈과 나를 동일시 하지 말라. 이 모든 것에서 자유로워져야 한다. 지금 당장 하나씩 비워보라. 그렇다면 텅 비어있는 그대 본연의 존재를 만나게 될 것이다.

중심

눈을 감고 몸을 좌우로 자연스럽게 움직여보라. 그리고 양쪽 눈동자에 힘을 약간 주도록 하라. 눈꺼풀 안쪽에 선명한 점이 생길 것이다. 몸을 움직일수록 그 점은 점점 더 선명해질 것이며 몸 안에는 움직이지 않는 중심체가 기둥처럼 있는 것을 알게 될 것이다. 어떠한 감정에도 흔들리지 않고 그 자체로 텅 비어 있으면서 에너지로 꽉 찬 중심체를 느낄 수 있을 것이다. 뇌파가 떨어지고 몸은 졸음이 오거나 잠들어도 그 존재는 항상 깨어있다. 언어로는 설명할 수 없는 그 중심체는 귀가 없어도 들을 수 있고 입이 없어도 말할 수 있고 눈이 없어도 볼 수 있는 완전한 존재이며 우주와 하나된 나이다.

존재

편안히 앉아서 호흡을 하라. 그리고 '지금 내 몸이 호흡을 하고 있다' 내면의 언어로 말하면서 느껴보라. 분명한 것은 내가 아닌 몸이 호흡을 하고 있다는 사실을 느껴야 한다. 내 몸이 지금 호흡을 하고 있다 호흡을 하고 있는 그 몸을 바라보고 지켜보는 것이 나이다. 내가 아닌 몸이 호흡을 하는 것을 알아차리면 호흡은 몸과 나를 연결하는 다리와 같은 역할임을 알게 된다. 다음엔 내가 아닌 마음에서 이러이러한 감정이 올라오고 있다는 것을 알아차리고 느낄 수 있을 것이다.

몸은 졸음이 오거나 잠들어도 존재는 깨어있을 것이다. 존재는 숨쉬지 않고 오랫동안 먹지 않아도 존재한다. 그래서 완전한 존재라고 하는 것이다. 생명은 육체에만 깃들어 있음을 알아야 한다. 이렇게 몸과 마음을 나와 동일시 하지 않을 때 존재에 대한 자각이 일어난다. 존재는 호흡, 몸, 마음과 상관없이 존재한다. 호흡과 상관없으니 몸이 죽고 사는 생명과도 상관이 없다는 사실을 알게된다면 영원히 죽지 않는다는 의미를 알게 될 것이다. 나는 호흡과 상관없이 존재한다. 나는 생각과 상관없이 존재한다. 나는 감정과 상관없이 존재한다. 나는 마음과 상관없이 존재한다. 얼음이 녹듯이 몸이 사라지고 마음이 사라진다. 호흡이 반복되고 깊어질수록 텅 빈 우주와 하나가 된 존재를 느끼게 될 것이다.

코리아

의식적으로 깨어있는 나의 조국 코리아여 이제 가슴을 열고 더 넓고 더 밝게 빛나는 정신문화로 하나되어 세상을 치유하자. 지구를 사랑하고 세계인을 담을 수 있도록 의식을 확장하자.

인류

둥글게 원을 그리고 앉아 옆 사람의 손을 잡고 느껴보라. 옆 사람의 생각이 나와 다르고, 피부가 나와 다르고, 나이가 나와 다르고, 성별이 나와 다르고, 물질적 재산이 나와 다르고, 종교가 나와 다르고, 국가가 나와 다르고, 사상이 나와 다르고, 추구하는 것이 나와 다르고, 보이는 것이 나와 달라서 나와 다른 사람이라는 비교와 분별이 일어난다면 같은 것을 바라보지 못하고 서로 다른 에고를 보고 있는 것이다. 본질을 보지 못하고 있는 것이며 나와 같은 영혼임을 알지 못하고 있는 것이다. 깨어나라. 그리고 느껴라. 옆 사람은 나와 같은 영혼이고 인류이며 우리 모두는 하나이다.

인간의 신성 실현을 위한 도시 인도, 오로빌
Auroville

오로빌은 문화 종교 인종의 차이를 극복하고 인류의 단합을 추구하는 유엔의 정신을 담고 있으며 유네스코는 1966년 오로빌의 탄생을 지지하는 총회 결의문을 채택했다. 68년 2월 28일 오로빌 착공식 때 한국을 비롯한 세계 124개국에서 각각 2명씩의 대표들이 참석해 그들이 가져온 각 나라의 상징인 흙을 이곳에 묻으며 개념적인 분리가 아니라 모두가 하나되는 통합이라는 의미가 담겨있다.

오로빌은 인도의 사상가 스리 오로빈도의 철학을 바탕으로 미라 알파사가 설립한 공동체다. "국가 간의 모든 경쟁, 사회적 인습, 자기 모순적인 도덕률과 종교적인 분리와 다툼에서 벗어나 같은 것을 느끼고 바라볼 수 있는 통합적이면서 자유롭게 살 수 있는 곳이 지구상에 한 곳은 있어야 한다. 오로빌은 모든 인간이 인종·국가·종교를 초월한 세계시민으로서 자유롭게 살 수 있는 곳이 될 것."이라고 미라 알파사는 선언했다.

스리 오로빈도는 인류 최대의 적은 성장하지 못한 인간의 내부의식에 있으며, 자기 성찰에 정진하면 인간의 의식도 신성을 향해 진화된다고 가르쳤다. 각자 자신의 내면의 진리를 발견하고 깨달음으로써 인류의 다양성을 받아들인다면 전 세계가 평화스럽게 살 수 있는 길이 열릴 것이다. 그 조화와 풍요로움 속에서 자유로운 꽃을 피울 수 있는 곳이 오로빌이다.

심신의 치유를 필요로 하는 경쟁에 지친 사람들의 영혼의 휴식처이며 개인의 깨어남과 의식 성장만을 향해 나아갈 수 있는 장소, 평화를 가장한 국가간의 경쟁과 전쟁, 민족과 사상, 자신과 다른 관점을 존중하고 틀린 것이 아니라 다른 것으로 존중하는 장소, 종교를 떠나 개인 이기주의와 집단 이기주의의 충돌이 사라진 평화 속에서 살 수 있는 장소, 영혼과 지구를 사랑하는 사람들이 살수 있는 장소이다. 이곳에서는 공동체이면서 모두가 참석해야 하는 공동체 의식도 없다. 누구에게 무엇을 하라고 강요하지 않는다. 자기가 원하는 일을 한다. 일과 삶이 분리된 것이 아니라 모든 것은 영혼의 성장을 위한 책임이고 아름다운 과정이 된다. 학교, 공장, 농장 어디에도 대표가 없다. 모두 동등한 자격에서 존중하며 문제를 풀어나간다. 사람들끼리 만들어놓은 분리의 벽을 허물고 자연과의 조화 속에서 창조의 기쁨을 누리며 다양한 삶을 살 수 있다. 가문이나 혈통을 따지는 성(姓)도 없으며 여기서는 이름만 쓰는 것도 분리가 아닌 통합의 문화이다.

오로빌은 인간 내면의 아름다움을 키워서 보다 풍요로운 삶으로 국적, 민족, 성별, 종교, 인종, 문화적 배경 등을 초월해 세계인이 하나되는 진정한 지구촌의식이다. 서로 함께 일하면서 공존하고 서로 존중하면서 함께하는 정신을 갖게 하는 곳이다. 이곳은 세계인이 서로 다른 관념을 벗고 하나가 되는 진정한 공동체이며 인간과 자연이 분리가 아닌 연결되어 있음을 깨닫는 곳이다. 물질에서 영혼으로 영혼에서 지구로 우주로 연결되는 과정은 끝이 아니라 새로운 다음으로 이어지는 시작이 될 것이다.

사랑하는 지구

세를 들어 살고 있으면서 너의 허락도 없이 나무를 자르고 뽑고 공기와
물을 오염시켜서 미안해. 평화라는 거짓 위선으로 전쟁을 일으키며
이기적인 욕심으로 마음대로 자연을 파괴하며 상처를 내서 미안해.
지금 살고 있는 집보다 더 큰 집을 짓기 위해 그 많은 나무를 사라지게
하면서도 산소가 너에게서 나오는 줄 모르는 무지한 자들 때문에
미안해. 그들은 지금 갈수록 공기가 좋지 않아 살기 힘들다고 말하는
바보라서 미안해. 언젠가는 알겠지만 지금은 아닌 것 같아 미안해.
아마도 같은 짓을 반복 할거야 그래서 미안해. 너와 나는 분리 될 수
없는 하나이지만 가끔 너의 존재를 잊고 지낼 때가 있는 것 같아서
미안해. 그렇지만 널 사랑해. 앞으로 더 많은 사람들이 자각하고
각성하여 너와 자신의 풍요로운 존재 가치를 발견할 수 있도록 일깨울
꺼야. 나는 이미 평화롭지만 이제 더 나은 세상을 지구를 위해 풍요와
사랑을 나누며 살겠어. 개인의 깨어남 인류의식 너의 평화를 기원하며
미안하고 고맙고 사랑해.

12. 삶이 명상이다

삼각산 수제비

신설동에서 식당(삼각산 수제비)을 하시는 이곳 할머니는 도인이시다. 어느 날 식사를 하면서 들은 이야기다. 오는 손님들에겐 나 먹는 거 따로, 손님 먹는 거 따로 층을 두면 안 된다. 내가 먹는 것처럼 신경 쓰는 만큼 다른 사람도 먹도록 해야지 그렇지 않으면 벌 받는다고 하신다. 계절에 맞는 싱싱하고 건강한 음식을 준비하고 정수기도 안 쓰고 물도 정성껏 끓여서 내오신다. 막 된장도 4시간 끓여서 만든다고 하신다. 식당에 놀러 온 손자들에게 들려주는 이야기를 들었다. 대통령, 국회의원 그런 거 되지 말고 몸 안에 보물을 잘 닦고 키우면 된다고 하신다. 손자들을 무조건적으로 감싸는 것이 아니라 힘들어 하고 부딪치면서 스스로 지혜를 키워나가도록 알려준다고 하신다. 이후로 가끔씩 찾아가 식사를 하는 곳이다.

젊은 시절 교통사고가 나서 병원에서 꼼짝도 못하고 누워있을 때 나를 버렸다고 한다. 힘든 것도 아픈 것도 그때그때 생각나는 그런 나를 버리고 나니 살아서 움직일 수가 있었다고 한다. 마음을 비우고 내려놓고 난 이후 영혼의 깨어남이 기적을 만든 것이다.

식당 밖엔 오뎅을 팔고 계신 할아버지가 있다. 깨어있는 할머니가 소 일거리로 할아버지가 일을 할 수 있게끔 해주신 배려이다. 오뎅을 먹고 있는데 할머니가 얼굴을 내밀며 서로가 번 돈에는 관여하지 않는다고 하신다. 이것은 존중이다. 두 사람 모두 서로의 몸 안에 있는 보물을 배려하고 존중하고 있는 것이다.

멀리 있는 것이 아니라 삶 속에 깨달음이 있다. 그대는 어떻게 살아가고 있는가? 깨달은 척 잘난 사치가 아니었으면 한다. 각자 자신이 처한 위치에서 누구를 만나건 자신의 이기심을 채우기 위해서 이용하는 것이 아니라 영혼으로 존재 그 자체로 대할 수 있다면 자신에게도 상대방에게도 삶은 더 풍요로워 질 것이다.
지금 그대 안에 몸과 마음의 아픔을 치유하는 보물이 있다. 그 보물을 잘 키워가길 바란다.